狭い作業スペース & 洗い物から大解放！

1口コンロでつくる
絶品
ワンパン
レシピ
＼こたクッキング／

KADOKAWA

1口コンロ
& フライパン

1つ

あればできるので
作業スペースいらず!
めんどうな洗い物から
解放される!!
おまけに

鬼ウマい!!!!

はじめに

この本を手に取ってくださった皆さま、ありがとうございます。

今回、初めて本を出版するにあたり、この本を読んだ方がどんな反応をしてくれるのか、わくわくドキドキしています。

特に読んでほしいのは、朝早くから夜遅くまで仕事をして、料理する時間が取れない方々です。

僕自身も朝早く出社して夜遅くまで仕事をしていた時代があり、そのときは食生活がかなり悪化していました。

遅く帰ってきてもおいしいものを食べたい……でも外食は高いし、冷凍食品もなんだかなーって思って、夜遅くからハンバーグを1時間くらいかけて作っていた頃が懐かしいです。

自分の手料理は、やっぱり達成感もあり、メンタルにもいいなと感じています。

忙しいときでも、疲れていても簡単に作れるレシピってないのかな？と日々考える中で、"フライパン1つでできる料理"に至りました。

この本にはレシピも載っていますが、皆さんに手に入れてほしいのは、レシピよりも「簡単に作る方法」です。

僕の紹介する方法は応用がききます。

「このやり方、オクラでできるなら、とうもろこしでも可能やん！」など、本の中から1つでも2つでも簡単に作れる方法を知って、使ってみてほしいなと思います。

忙しくて時間がないけど、おいしいものを食べたい方々の料理の時間短縮の一助になると、うれしいです！

こたクッキング

こんな人に向いています

帰宅が遅く、
家に帰ってから
料理するのはキビシイ

外食がちだけれど、
そればかりなのは
つまらない……

コンロが1つだけ。
2品も3品も作るのはムリ！

調理道具も
調味料もあまりないし、
増やしたくもない

この本で使っている道具は基本**12**種類！

深さ
9cm

直径　26cm

1 フライパン

「炒める」「焼く」「揚げる」「煮る」「蒸す」の調理が、これ1つ。フッ素樹脂加工の、直径26cm程度のものがおすすめです。

2 ふた（穴あき）

耐熱ガラス製なら、ふたをしたまま中の様子を確認できて便利。蒸気を逃がす穴付きなら噴きこぼれを防げます。

こた流！
フライパンの
お手入れのコツ

フッ素樹脂加工を傷めないためには、強火での空焚きや調理をしないことが大切です。使用後、まだ熱いうちに水につけたり、金属製のタワシやスポンジでこすったりしないように気をつけましょう。

3
キッチンばさみ

肉類や青菜などをラクにカットでき、
包丁より使用率高し！ 材料を切りな
がらフライパンに直接入れていけば、
まな板を使わなくて済むメリットも。

1レシピにつき
洗い物は2〜7ほど！
だからめっちゃ
ラク!!

4
ポリ袋・ジッパー付きバッグ

下味つけや衣づけをするときは、ポリ
袋に材料を入れて袋の上からもみもみ。
ジッパー付きバッグなら、そのまま冷
蔵・冷凍保存もOK。

5
計量カップ

合わせ調味料を作るとき、計量しなが
ら入れられるので便利。取っ手がつい
ているものは持ちやすく、注ぎ口付き
なら液だれを防げます。

6
フライパン用アルミ箔

フライパンに敷いておけば、本体を汚
さずに炒めたり蒸したりすることがで
きる優れもの。ひっくり返すのが難し
い料理でも役立ちます。

7
ピーラー

8
包丁

9
まな板

10
計量スプーン

11
さい箸

12
ヘラ・ターナー

フライパン**1**つで料理はできる！

ワンパン Point **1**

こねる・和える・混ぜる

ハンバーグや餃子の肉だねを混ぜる、肉や魚に下味をつける、卵を溶きほぐす……。どれもフライパンでやっちゃってOKです！

ワンパン Point **2**

すりおろす・キッチンばさみで切る

大根や長いもをすりおろすときは、フライパンの上ですりおろして直接イン。キッチンばさみで切れる肉や野菜も切りながらフライパンに入れましょう。

ワンパン Point **3**

焼く・炒める

材料を入れてそのまま加熱する場合と、油を加えてから加熱する場合があるので、作る前にレシピをチェックしてくださいね。

ワンパン Point **4**

揚げる

使う油の量は材料がつかる程度を入れ
てください。油は少なめでもカサが上
がり、材料がつかりやすくなるのでム
リなく揚げられます。

ワンパン Point **5**

煮る

面積が広いフライパンなら、煮汁が少
なめでも大丈夫。揚げる場合と同様に、
材料を入れると煮汁のカサが上がって
均一につかりやすくなります。

Check!

**フライパン
の
よさとは?**

下ごしらえから加熱まで行え、手入れもラク。
フライパンは僕の料理になくてはならないも
のです。炒めものや焼きものはもちろん、煮
ものや揚げものだって作れるから万能。本当
にひんぱんに使うので、耐久性の高さを重視
して選んでいます。

こた式調味料・材料リスト

1	2	3	4	5	6	7

8	9	10	11	12	13	14

15	16	17	18	19	20	21

22	23	24	25	26	27

1 — しょうゆ	10 — みそ	19 — マヨネーズ
2 — 酒	11 — 塩こしょう	20 — ラー油
3 — みりん	12 — ポン酢しょうゆ	21 — サラダ油
4 — 酢	13 — 中濃ソース	22 — オリーブオイル
5 — 砂糖	14 — オイスターソース	23 — ごま油
6 — 塩	15 — レモン果汁調味料	24 — パン粉
7 — 顆粒コンソメ	16 — しょうがチューブ	25 — 片栗粉
8 — 和風だしの素	17 — にんにくチューブ	26 — カットトマト（パック）
9 — 鶏ガラスープの素	18 — ケチャップ	27 — 粉チーズ

常備すると役立つリスト

料理に彩りを添え、おいしそうに見せてくれる名脇役

∨

ベビーリーフ、ミニトマトなどの野菜は、冷蔵庫にストックしておくと便利。メインに添えてあげれば、ワンプレートにサラダが付きます。青じそや小ねぎは、和の料理で大活躍。揚げものにはレモンを添えてみてください。

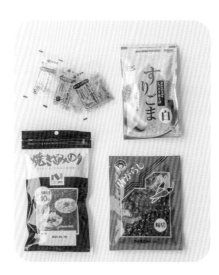

仕上げにひとふり。味わいに変化をつけるミニ食材

∨

削り節、白すりごま、刻みのりは、幅広い料理で使い勝手のいい食材。香りに奥行きが出ます。赤とうがらしや粗びき黒こしょうは、アクセントの欲しい料理に最適。その他、一味や七味、柚子こしょうもあると重宝します。

CONTENTS

Chapter 1

ハンバーグ

それは疲れをふっ飛ばす
幸せ注入グルメ！

Chapter 2

パスタ

それはワンパンが
真のチカラを発揮する
満腹グルメ！

Chapter **3**

肉

それはパワーみなぎる
最強おかず！

Chapter **4**

家中華

それはお酒と抜群に合う
乾杯グルメ！

Chapter 5

魚

それは偏りがちな食材に
変化をつける
レスキューグルメ！

Chapter 6

野菜

それはワンパンでも
意識して摂りたい
バランスおかず！

STAFF

アートディレクション	細山田光宣（細山田デザイン事務所）
デザイン・DTP	奥山志乃（細山田デザイン事務所）
撮影	松園多聞
フードスタイリスト	井口美穂
調理制作アシスタント	三好弥生
イラスト	西川史方里
校正	麦秋アートセンター
編集協力	三浦良江
編集	林佑香（KADOKAWA）

Chapter 7

おつまみ

それはストレス発散の 夜に欠かせない 相棒グルメ！

Chapter 8

ごはんもの&麺

それは疲れていても 一発で満たされる 王者のグルメ！

Column
こた流 超簡単デザート

しっかりチェック！

本書の使い方

∨

- ● レシピはすべて2人分です
- ● 計量の単位：大さじ1＝15㎖、小さじ1＝5㎖、
  1合＝180㎖、適量＝好みの量
- ● にんにく・しょうが：チューブを推奨
- ● チューブものは2㎝で小さじ1程度、
  6㎝で大さじ1程度
- ●「油」と記載のあるもの：サラダ油
- ● 基本の卵のサイズ：M
- ● スパゲッティは1.6㎜・7分ゆでのものを推奨
- ● スパゲッティは半分に折って使います
- ●「小麦粉」と記載のあるもの：薄力粉

こた's MEMO

ごはんはレンチンよりも炊きたてが推し！

揚げ焼きするときの油の量は食材がつかる程度！

海鮮は冷凍シーフードミックスを活用しよう！

でも野菜はできるだけ生のものを使おう！

キッチンばさみを使いこなすのが吉！

スパゲッティはときどき混ぜながら加熱する！

※火加減はレシピ内にも記載していますが、基本は中火です。
※材料を洗ったり、皮やへた、石づきなどを取ったりする工程は、レシピによっては省略して説明しています。
※レシピは目安となる分量や火加減、調理時間を記載していますが、様子を見ながら調整してください。

Chapter
1
ハンバーグ

それは疲れをふっ飛ばす
幸せ注入グルメ！

時間
20
minutes

豆腐入りだからヘルシーで、フワッフワ♪

基本のこたバーグ

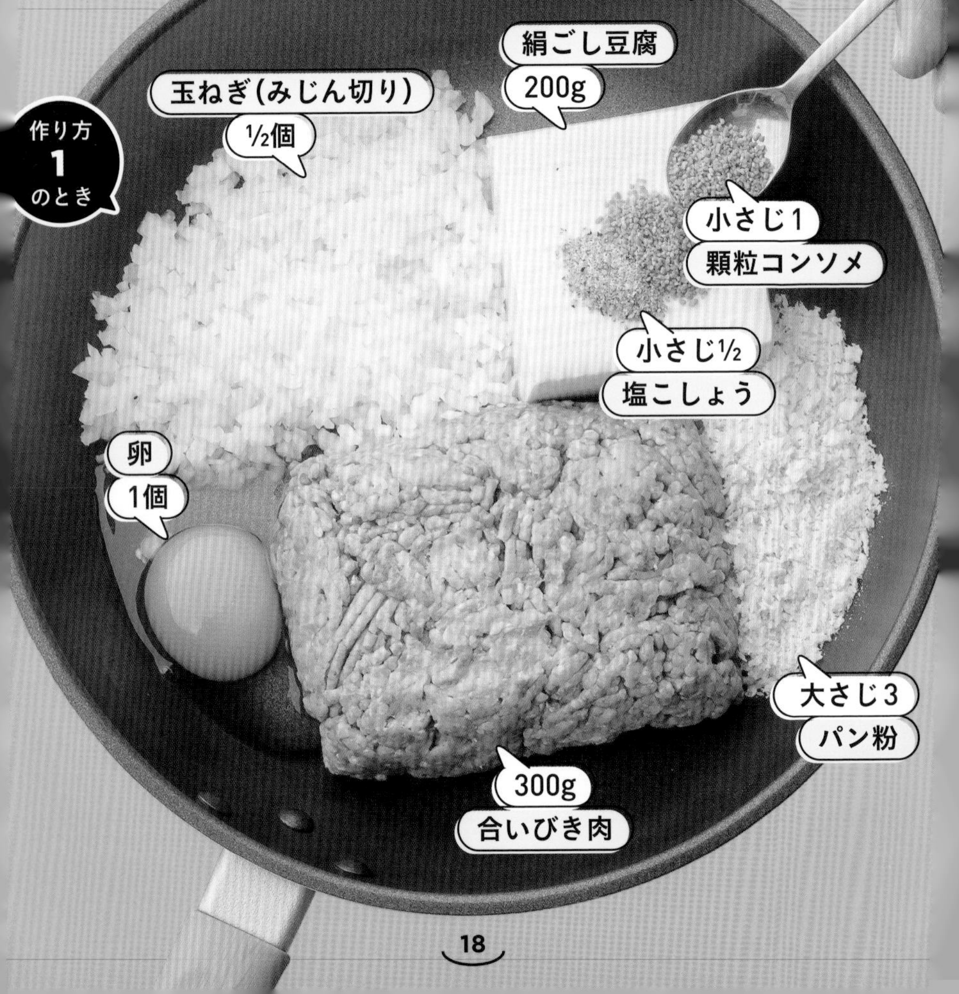

豆腐インで
仕上がりふっくら!

材料（2人分）

A
合いびき肉 … 300g
絹ごし豆腐 … 200g
玉ねぎ（みじん切り）… ½個
卵 … 1個
パン粉 … 大さじ3
顆粒コンソメ … 小さじ1
塩こしょう … 小さじ½

B
ケチャップ … 大さじ4
酒 … 大さじ3
中濃ソース … 大さじ2
みりん … 大さじ1
バター … 10g

ブロッコリー（ゆでたもの）… 適量

作り方

1 フライパンに**A**を入れてよくこね、4等分にして丸め、汚れをふき取らずに並べる。

2 油はひかずに、ふたをして中火で5分焼く。ひっくり返し、**B**を混ぜて加え、再びふたをし、弱火で10分焼く。

Point

豆腐は絹ごしを。加熱すると出てくる水分量がちょうどよく、やわらかく焼けます。焼けた玉ねぎが肉から離れ始めたらひっくり返して!

プリプリの食感がユニークな
新感覚ハンバーグ

新食感 こんにゃく ハンバーグ

卵
1個

玉ねぎ（みじん切り）
¼個

牛乳
大さじ1

塩こしょう
小さじ½

顆粒コンソメ
小さじ1

300g
合いびき肉

大さじ3
パン粉

65g
こんにゃく（5㎜の角切り）

作り方
1
のとき

材料（2人分）

A
合いびき肉 … 300g
こんにゃく
　（5㎜の角切り）… 65g
玉ねぎ（みじん切り）… ¼個
卵 … 1個
パン粉 … 大さじ3
牛乳 … 大さじ1
顆粒コンソメ … 小さじ1
塩こしょう … 小さじ½
B
基本のこたバーグ（**P19**）
　Bの材料 … 全量

ヘルシーで
うれしい！

作り方

1 フライパンに**A**を入れてよくこね、4等分にして丸め、汚れをふき取らずに並べる。

2 **1**に水50㎖（分量外）を加え、ふたをして中火で5分焼く。ひっくり返し、**B**を混ぜて加え、再びふたをし、弱火で10分焼く。

Point

こんにゃくは細かく切ったほうが、肉になじみます。

時間
20
minutes

1人前で角餅1個入りだから、
うれしい食べごたえ！

ボリューミー餅ハンバーグ

玉ねぎ（みじん切り）
½個

牛乳
大さじ1

顆粒コンソメ
小さじ1

塩こしょう
小さじ½

大さじ3
パン粉

1個
卵

300g
合いびき肉

2個
角餅（1cmの角切り）

作り方
1
のとき

材料（2人分）

A
合いびき肉 … 300g
角餅（1cmの角切り）… 2 個
玉ねぎ（みじん切り）… ½個
卵 … 1 個
パン粉 … 大さじ 3
牛乳 … 大さじ 1
顆粒コンソメ … 小さじ 1
塩こしょう … 小さじ ½

B
基本のこたバーグ（**P19**）
B の材料 … 全量

作り方

1 フライパンに **A** を入れてよくこ
ね、4 等分にして丸め、汚れを
ふき取らずに並べる。

2 1 に水 50 mℓ（分量外）を加え、
ふたをして中火で 5 分焼く。ひ
っくり返し、**B** を混ぜて加え、
再びふたをし、弱火で 10 分焼く。

炭水化物も
摂れるよ

Point

角餅は小さめに切ったほうが、肉に
なじみやすいです。

さっぱりおろし豆腐 ハンバーグ

時間 **20** minutes

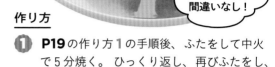

豆腐とポン酢、間違いなし！

材料（2人分）

基本のこたバーグ（**P19**）
　Aの材料 … 全量
大根（すりおろしたもの）
　… ¼本
青じそ … 4枚
ポン酢しょうゆ … 適量

作り方

① **P19**の作り方**1**の手順後、ふたをして中火で5分焼く。ひっくり返し、再びふたをし、弱火で10分焼く

② 青じそ、大根おろしを順にのせて器に盛り、ポン酢しょうゆを添える。

流れ出すチーズに食欲全開！

とろける チーズイン ハンバーグ

時間 **20** minutes

チーズがはみ出さないように成形を！

材料（2人分）

A
　合いびき肉 … 300g
　玉ねぎ（みじん切り）… ½個
　卵 … 1個
　パン粉 … 大さじ3
　牛乳 … 大さじ1
　顆粒コンソメ … 小さじ1
カマンベールチーズ（カットタイプ）… 2個
B 基本のこたバーグ（**P19**）**B**の材料 … 全量

作り方

① フライパンに**A**を入れてよくこね、4等分にする。カマンベールチーズは半分に切り、1切れずつ肉だねに入れて丸め、汚れをふき取らずに並べる。

② **1**に水50mℓ（分量外）を加え、ふたをして中火で5分焼く。ひっくり返し、**B**を混ぜて加え、再びふたをし、弱火で10分焼く。

甘みがあって子どもも食べやすい!

野菜たっぷりハンバーグ

時間 **20** minutes

野菜のみじん切りは便利グッズで!

材料（2人分）

A
合いびき肉 … 300g
玉ねぎ（みじん切り）… ½個
にんじん（みじん切り）… ⅓本
なす（みじん切り）… ¼本
卵 … 1個
パン粉 … 大さじ1
顆粒コンソメ … 小さじ1

B
塩こしょう … 小さじ½
基本のこたバーグ（**P19**）**B**の材料 … 全量

作り方

1. フライパンに **A** を入れてよくこね、4等分にして丸め、汚れをふき取らずに並べる。

2. 1 に水 50㎖（分量外）を加え、ふたをして中火で5分焼く。ひっくり返し、**B** を混ぜて加え、再びふたをし、弱火で10分焼く。

牛乳＋シチューの素のソース

ホワイトソースハンバーグ

時間 **20** minutes

材料（2人分）

基本のこたバーグ（**P19**）
　Aの材料 … 全量
牛乳 … 150㎖
クリームシチューの素 … 2かけ

作り方

1. フライパンに **A** を入れてよくこね、4等分にして丸め、汚れをふき取らずに並べる。

2. 1 にふたをして中火で5分焼く。ひっくり返し、再びふたをし、弱火で8分焼く。

3. 2 に牛乳、クリームシチューの素を加えて溶かし、2分煮詰める。

濃厚さがたまらない

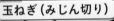

牛肉のうまみを味わう贅沢バーグ。
肉汁がたまらない!

粗びき牛100% ハンバーグ

材料（2人分）

A
- 牛ひき肉（粗びき）… 300g
- 玉ねぎ（みじん切り）… ½個
- 卵 … 1個
- パン粉 … 大さじ3
- 牛乳 … 大さじ1
- 顆粒コンソメ … 小さじ1
- 塩こしょう … 小さじ½

B
- 基本のこたバーグ（**P19**）
  - **B**の材料 … 全量
- ラディッシュ … 適量

自分への
ごほうびになる
一品

玉ねぎ（みじん切り）
½個

作り方 **1** のとき

塩こしょう
小さじ½

牛ひき肉（粗びき）
300g

パン粉
大さじ3

顆粒コンソメ
小さじ1

卵
1個

大さじ1
牛乳

作り方

1. フライパンに**A**を入れてよくこね、4等分にして丸め、汚れをふき取らずに並べる。

2. 1に水50㎖（分量外）を加え、ふたをして中火で5分焼く。ひっくり返し、**B**を混ぜて加え、再びふたをし、弱火で10分焼く。

Point

牛ひき肉は粗びきのほうが肉の食感が残り、リッチな味わいに。

Chapter

2

パスタ

それはワンパンが
真のチカラを発揮する満腹グルメ!

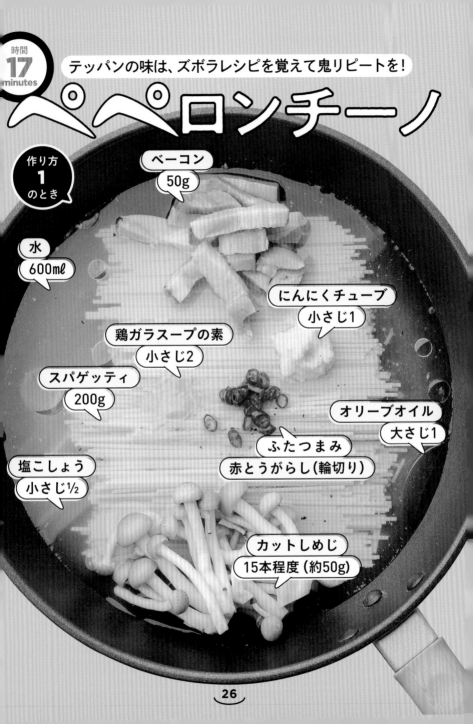

テッパンの味は、ズボラレシピを覚えて鬼リピートを!

ペペロンチーノ

作り方
1
のとき

ベーコン
50g

水
600ml

にんにくチューブ
小さじ1

鶏ガラスープの素
小さじ2

スパゲッティ
200g

オリーブオイル
大さじ1

ふたつまみ
赤とうがらし(輪切り)

塩こしょう
小さじ½

カットしめじ
15本程度(約50g)

究極にズボラ
できる作り方!

材料（2人分）

スパゲッティ … 200g
ベーコン（棒状カットのもの）
　… 50g
カットしめじ… 15本程度（約50g）
赤とうがらし（輪切り）
　… ふたつまみ
オリーブオイル … 大さじ1
鶏ガラスープの素 … 小さじ2
にんにくチューブ … 小さじ1
塩こしょう … 小さじ½
水 … 600mℓ

作り方

1 材料をすべてフライパンに入れる。

2 1を中火にかけ、14分煮て、水けがなくなったら完成。

Point

放っておくとパスタ同士がくっついてしまうので、煮ている途中で1、2回混ぜてください。ベーコンは棒状にカットされたものを買えば、まな板&包丁いらず！

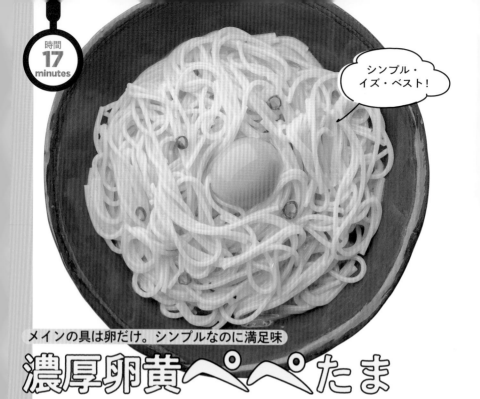

シンプル・
イズ・ベスト！

メインの具は卵だけ。シンプルなのに満足味

濃厚卵黄ペペたま

材料（2人分）

卵 … 2個

めんつゆ（3倍濃縮）… 小さじ2

A
スパゲッティ … 200g
オリーブオイル … 大さじ2
にんにくチューブ、
中華風スープの素 … 各小さじ2
塩こしょう … 小さじ½
赤とうがらし（輪切り）
　… ふたつまみ
水 … 600ml

バター … 10g

卵黄 … 2個

作り方

1 **A**をフライパンに入れて中火にかけ、14分煮る。

2 卵とめんつゆはよく混ぜ合わせる。

3 **1**の火を止め、バターを加えてよく混ぜ、**2**も加えて手早く混ぜる。とろみが出たら器に盛り、卵黄をのせる。

Point

卵黄はのせたほうが断然ウマイ！　残った卵白は中華風スープなどで利用を。

ツナを缶汁ごと使い、
相性のいいめんつゆで味つけを

トマトとツナの
パスタ

時間
17
minutes

トマトのカットは
脱・包丁で!

スパゲッティ
200g

水
400㎖

オリーブオイル
大さじ2

大さじ3
めんつゆ

大2個
トマト

小さじ½
塩こしょう

2缶
ツナ缶

材料(2人分)

トマト … 大2個

A
スパゲッティ … 200g
ツナ缶 … 2缶
めんつゆ(3倍濃縮)
　… 大さじ3
オリーブオイル … 大さじ2
塩こしょう … 小さじ½
水 … 400㎖

粉チーズ … 適量
青じそ … 5枚

作り方

① Aをフライパンに入れ
　る。トマトをキッチン
　ばさみで小さめに切り
　ながら加えて中火にか
　け、14分煮る。

② 器に盛り、粉チーズをふり、青じそをキッ
　チンばさみで細切りにしてのせる。

作り方
1
のとき

Point

ツナは缶汁ごと加えると、う
まみたっぷりに。トマトはキ
ッチンばさみで切るとラク!

肉のうまみと野菜の甘みが、
パスタにギューッと!

ミートソース スパゲッティ

懐かしくて
ホッとする味

にんじん(みじん切り)
¼本

小麦粉
小さじ2

ケチャップ
大さじ1

カットトマト(缶またはパック)
200g相当

合いびき肉
100g

小さじ1
にんにくチューブ

塩こしょう
小さじ½

小さじ2
顆粒コンソメ

200g
スパゲッティ

400㎖
水

作り方
1
のとき

¼個
玉ねぎ(みじん切り)

材料(2人分)

スパゲッティ … 200g
合いびき肉 … 100g
玉ねぎ(みじん切り) … ¼個
にんじん(みじん切り) … ¼本
カットトマト
　(缶またはパック)
　… 200g相当
ケチャップ … 大さじ1
小麦粉、顆粒コンソメ
　… 各小さじ2
にんにくチューブ … 小さじ1
塩こしょう … 小さじ½
水 … 400㎖
パセリ(みじん切り) …適量

作り方

1 パセリ以外の材料をすべてフライ
パンに入れて中火にかけ、14分
煮る。

2 器に盛り、パセリを散らす。

Point

小麦粉は忘れずに加えてくださ
い。ソースにとろみがつき、パ
スタにからみやすくなります。

なすがトロッと
ジューシー

やわらか〜いなすとミートソースが相性◎

なすのボロネーゼ

材料（2人分）

スパゲッティ … 200g

なす（1cm弱の輪切り）… 2本

A
豚ひき肉 … 100g
ケチャップ … 大さじ2
中濃ソース … 大さじ1
顆粒コンソメ … 小さじ2
にんにくチューブ … 小さじ1
塩こしょう … 小さじ½
水 … 600ml

粉チーズ … 適量

作り方

1. スパゲッティをフライパンに入れ、なすをキッチンばさみで切って加える。

2. 1にAを加えて中火にかけ、14分煮て、水けがなくなったら火を止める。

3. 器に盛り、粉チーズをふる。

Point

なすに味がよくしみ込むように、ときどき混ぜながら煮てください！

31

ポリ袋でミートボールを
作るから、手間激減!

ごろっとミートボール パスタ

材料（2人分）

A
合いびき肉 … 150g
玉ねぎ（みじん切り） … ¼個
卵 … 1個
塩こしょう … 小さじ½

B
スパゲッティ … 200g
カットトマト（缶またはパック）
　… 400g相当
ケチャップ … 大さじ2
顆粒コンソメ、にんにくチューブ
　… 各小さじ2
水 … 400㎖

タンパク質も
しっかり摂れる!

作り方 2 のとき

ケチャップ
大さじ2

顆粒コンソメ
小さじ2

カットトマト（缶またはパック）
400g相当

400㎖
水

小さじ2
にんにくチューブ

200g
スパゲッティ

作り方 3 のとき

作り方

① ポリ袋に **A** を入れ、もむようにしてよく混ぜる。

② **B** をフライパンに入れて中火にかける。

③ **2** が煮立ったら、**1** の袋の角を切り落としてひと口大にしぼり出しながら加える。中火のまま10分ほど煮て、器に盛る。

Point

袋の角を大きく切ると、巨大になって火が通りにくくなるので注意!

別名「暗殺者のパスタ」。
焦げ目がつくように仕上げるのが特徴

焦がしトマトパスタ

ホットな
辛さが
やみつきに

材料（2人分）

カットトマト（缶またはパック）
　… 400g相当
にんにく（薄切り）… 4かけ
オリーブオイル … 大さじ2
水 … 500mℓ

A
スパゲッティ … 200g
赤とうがらし（輪切り）
　… ふたつまみ
塩 … 小さじ1

Point

暗殺者のパスタは南イタリアのプーリア州で人気。材料がシンプル！

作り方

1. フライパンににんにくとオリーブオイルを入れ、弱火できつね色になるまで炒める。

2. 1にカットトマトの2/3量、水300mℓ、**A**を加えて中火で9分煮る。水分がほとんどとんだら、スパゲッティにしっかり焼き目がつくまで炒める。

3. 焼き目がついたら残りの水とカットトマトを加え、5分煮詰めて完成。

仕上げにバターを加えて、より濃厚でリッチな味に

濃厚カルボナーラ

にんにくチューブ
小さじ1

水
600ml

ベーコン
60g

顆粒コンソメ
小さじ2

スパゲッティ
200g

小さじ½
塩こしょう

大さじ1
オリーブオイル

作り方
1
のとき

基本を覚えれば
応用できる！

材料（2人分）

A
スパゲッティ … 200g
ベーコン（棒状カットのもの）
　… 60g
オリーブオイル … 大さじ1
顆粒コンソメ … 小さじ2
にんにくチューブ … 小さじ1
塩こしょう … 小さじ½
水 … 600ml

卵 … 2個
牛乳 … 60ml
バター … 10g
粗びき黒こしょう … 適量

作り方

1 Aをフライパンに入れて中火で14分煮る。

2 計量カップで牛乳をはかり、そこに卵を割り入れてよく混ぜる。

3 1の水分がなくなったら、火を止めてバターを加え、バターが溶けたら2を加えて手早く混ぜる。器に盛り、黒こしょうをふる。

Point

バターを加えるタイミングは水分がなくなったとき。ここで味に差がつくので、ゆで時間とともに、フライパンの中の様子も折を見てチェックしてください。

アボカドで
クリーミーさが
倍増！

アボカド
カルボナーラ

材料 (2人分)

A
スパゲッティ … 200g
アボカド (皮と種を処理して
1.5cmの角切り) … 1個
ベーコン (棒状カットのもの)
… 60g
オリーブオイル … 大さじ1
顆粒コンソメ … 小さじ2
にんにくチューブ … 小さじ1
塩こしょう … 小さじ½
水 … 600㎖
卵 … 2個
牛乳 … 60㎖
バター … 10g

作り方

① Aをフライパンに入れて中火で14
分煮る。

② 計量カップで牛乳をはかり、 そ
こに卵を割り入れてよく混ぜる。

③ 1の火を止めてバターを加え、バ
ターが溶けたら2を加えて手早く
混ぜる。

卵同士だから相性抜群

たらこ
カルボナーラ

材料 (2人分)

A
スパゲッティ … 200g
たらこ (薄皮を除いたもの) … 50g
ベーコン (棒状カットのもの) … 60g
オリーブオイル … 大さじ1
顆粒コンソメ … 小さじ2
にんにくチューブ … 小さじ1
塩こしょう … 小さじ½
水 … 600㎖
卵 … 2個
牛乳 … 60㎖
バター … 10g

作り方

① Aをフライパンに入れて中火で14
分煮る。

② 計量カップで牛乳をはかり、そこ
に卵を割り入れてよく混ぜる。

③ 1の火を止め、バターを加えて溶
かす。2を加えて手早く混ぜ、器に
盛って、たらこ (分量外) をのせる。

つぶつぶ感が
たまらない！

時間 17 minutes

濃厚なソースをレモンでスッキリ

爽やか レモンクリーム パスタ

見た目にも涼しい夏向け新定番！

材料（2人分）

A
- スパゲッティ … 200g
- ベーコン（棒状カットのもの）… 60g
- ピザ用チーズ … 60g
- 牛乳 … 100mℓ
- レモン果汁調味料 … 大さじ1
- 顆粒コンソメ … 小さじ2
- にんにくチューブ、砂糖 … 各小さじ1
- 塩こしょう … 小さじ½
- 水 … 500mℓ

レモン（輪切り）… 適量

作り方

1 Aをフライパンに入れて中火で14分煮る。

2 器に盛り、レモンを添える。

作り方 **1** のとき

ベーコン 60g

水 500mℓ

牛乳 100mℓ

レモン果汁調味料 大さじ1

ピザ用チーズ 60g

塩こしょう 小さじ½

砂糖 小さじ1

生クリームがなくてもまとまる！

にんにくチューブ 小さじ1

小さじ2 顆粒コンソメ

200g スパゲッティ

Point

食べる前にレモンをしぼってくださいね。

生クリームが
なくてもOK!

うまみがパスタにしみ込む

牛乳で簡単
ツナクリーム
パスタ

時間
17
minutes

材料（2人分）

スパゲッティ … 200g
玉ねぎ（半分に切ったものを薄切り）
　… 1個
ツナ缶 … 2缶
牛乳 … 100mℓ
顆粒コンソメ … 小さじ2
にんにくチューブ … 小さじ1
塩こしょう … 小さじ½
水 … 500mℓ

作り方

材料をすべてフライパンに
入れ、中火で14分煮て、器
に盛る。

生ハムの塩けがちょうどいい

牛乳で簡単
アボカドクリーム
パスタ

時間
18
minutes

材料（2人分）

スパゲッティ … 200g
アボカド（1.5cmの角切り）… 1個
牛乳 … 100mℓ
顆粒コンソメ … 小さじ2
にんにくチューブ … 小さじ1
塩こしょう … 小さじ½
水 … 500mℓ
生ハム … 20g

作り方

❶ 生ハムと粉チーズ以外の材料を
　すべてフライパンに入れて、中
　火で14分煮る。

❷ 器に盛り、生ハムをのせる。

まったりして
ボリューム感
あり!

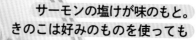

サーモンの塩けが味のもと。
きのこは好みのものを使っても

スモークサーモンと
きのこのクリーム
パスタ

作り方

材料をすべてフライパンに入れ、
中火で14分煮る。途中でサーモ
ンを粗くほぐす。

燻した香りが
きのこにマッチ

材料（2人分）

スパゲッティ … 200g

スモークサーモン … 150g

カットしめじ
　… 30本程度（約100g）

顆粒コンソメ、オリーブオイル
　… 各小さじ2

にんにくチューブ … 小さじ1

塩こしょう … 小さじ½

バター … 10g

牛乳 … 100㎖

水 … 500㎖

Point

しめじは石づきが除いて
あるカットのものを買う
とラク。1本3、4g程度
なので、30本で約100g。

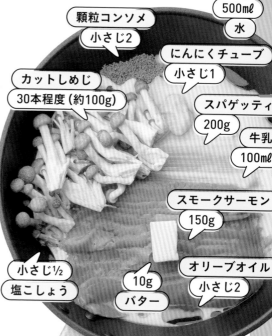

顆粒コンソメ
小さじ2

500㎖
水

にんにくチューブ
小さじ1

カットしめじ
30本程度（約100g）

スパゲッティ
200g

牛乳
100㎖

スモークサーモン
150g

小さじ½
塩こしょう

10g
バター

オリーブオイル
小さじ2

梅干しとじゃこが最強。

きっとクセになっちゃう和風パスタ

梅とじゃこの オイルパスタ

梅干し（ほぐしたもの）
大1個

長ねぎ（薄い輪切り）
½本

水
600㎖

ちりめんじゃこ
20g

和風だしの素
小さじ2

小さじ1
しょうゆ

作り方1までのもの

作り方 **2** のとき

200g
スパゲッティ

にんにくを
炒めるひと手間で
変わる!

材料（2人分）

にんにく（輪切り）… 2かけ
オリーブオイル … 大さじ2
スパゲッティ … 200g
梅干し（ほぐしたもの）… 大1個
ちりめんじゃこ … 20g
長ねぎ（薄い輪切り）… ½本
和風だしの素 … 小さじ2
しょうゆ … 小さじ1
水 … 600mℓ
刻みのり … 適量

作り方

1. フライパンにオリーブオイルとにんにくを入れ、きつね色になるまで弱火で炒める。
2. 刻みのり以外の残りの材料を 1 に加え、中火で14分煮る。
3. 器に盛り、刻みのりをのせる。

Point

にんにくと風味が移ったオイルが隠し味。焦がさないように炒めて！

きのこを2〜3種類使うと
うまみが倍に！

きのこたっぷり 和風パスタ

きのこの滋味を存分に味わえる

にんにくチューブ
小さじ1

和風だしの素
小さじ2

しょうゆ
大さじ1

まいたけ（手でほぐしたもの）
½パック

エリンギ（細切り）
1本

30本程度（約100g）
カットしめじ

600㎖
水

大さじ1
オリーブオイル

200g
スパゲッティ

作り方 **1** のとき

材料（2人分）

スパゲッティ … 200g
エリンギ（細切り）… 1本
カットしめじ
　… 30本程度（約100g）
まいたけ（手でほぐしたもの）
　… ½パック
水 … 600㎖
オリーブオイル、
しょうゆ … 各大さじ1
和風だしの素 … 小さじ2
にんにくチューブ … 小さじ1
削り節、青じそ … 各適量

作り方

① 削り節と青じそ以外の材料をすべて
　フライパンに入れ、中火で14分煮る。
② 器に盛り、削り節とちぎった青じそ
　を散らす。

Point

きのこは残りものや好みの
ものを使ってよく、分量も
厳密でなくてOK。

納豆ごと煮込むから
風味がよくて
口当たりなめらか

ねばねば納豆ツナパスタ

朝食にも
できちゃい
そう!?

作り方

1. 小ねぎ以外の材料をすべてフライパンに入れ、中火で14分煮る。
2. 器に盛り、小ねぎを散らす。

材料（2人分）

スパゲッティ … 200g
水 … 600㎖
納豆（ほぐしたもの）
　 … 2パック
ツナ缶 … 2缶
マヨネーズ、
めんつゆ（3倍濃縮）
　 … 各大さじ2
ごま油 … 大さじ1
にんにくチューブ
　 … 小さじ1
塩こしょう … 小さじ½
小ねぎ（小口切り） … 適量

Point

マヨネーズを加えるので、ときどき混ぜてダマが残らないように注意を。

作り方
1
のとき

ごま油
大さじ1

スパゲッティ
200g

にんにくチューブ
小さじ1

2パック
納豆（ほぐしたも〔の〕

小さじ½
塩こしょう

大さじ2
マヨネーズ

2缶
ツナ缶

600㎖
水

大さじ2
めんつゆ

時間 **20** minutes

定番を作りやすくアレンジ。
腹ペコでもこれならスグできる!

ナポリタン

作り方 **1** のとき

水 600㎖

スパゲッティ 200g

コーン缶 30g

にんにく チューブ 小さじ1

玉ねぎ(薄切り) ¼個

小さじ2
顆粒コンソメ

大さじ3
ケチャップ

1個
ピーマン(細切り)

2本
ソーセージ(1cm幅の小口切り)

材料(2人分)

スパゲッティ … 200g

ソーセージ(1cm幅の小口切り)
… 2本

玉ねぎ(薄切り)… ¼個

ピーマン(細切り)… 1個

コーン缶 … 30g

水 … 600㎖

ケチャップ … 大さじ3

顆粒コンソメ … 小さじ2

にんにく チューブ … 小さじ1

バター … 10g

粉チーズ … 適量

老若男女、
絶対好き!

作り方

1 バターと粉チーズ以外の材料
をフライパンに入れ、中火で
14分煮る。

2 1にバターを加えてよくから
め、器に盛り、粉チーズをふる。

Point

ケチャップの味がツーン
とこないマイルドな調味
料のバランス。コーンの
甘みもきいています。

お酒も進む、
大人味！

白ワインで生臭さを抑え
マヨネーズを使うからしっとり

たらこスパゲッティ

材料（2人分）

スパゲッティ … 200g

水 … 600㎖

A
たらこ（薄皮を除いたもの）
　　 … 40g
マヨネーズ … 大さじ4
白ワイン … 大さじ3
しょうゆ … 大さじ2
粗びき黒こしょう … 小さじ½

青じそ（せん切り）、刻みのり … 各適量

作り方

① スパゲッティと分量の水をフライパンに入れ、中火で14分ゆでる。その間にAを合わせておく。

② 1にAを加えてスパゲッティによくからめ、器に盛り、青じそと刻みのりをのせる。

Point

明太子で代用も可。粗びき黒こしょうが入って、ピリッと大人の味に。

時間 **17** minutes

人気のパスタも手軽に！
あさりのうまみがじ〜んわり

ボンゴレビアンコ

材料（2人分）

スパゲッティ … 200g

あさり … 100g

白ワイン … 大さじ2

オリーブオイル
　… 大さじ1と½

にんにくチューブ
　… 大さじ½

塩 … 小さじ½

赤とうがらし（輪切り）
　… ひとつまみ

水 … 600㎖

イタリアンパセリ … 適量

オリーブオイル
大さじ1と½

白ワイン
大さじ2

水
600㎖

スパゲッティ
200g

赤とうがらし（輪切り）
ひとつまみ

大さじ½
にんにくチューブ

小さじ½
塩

100g
あさり

作り方
1
のとき

辛さもほどよく
食べ飽きない！

作り方

1 イタリアンパセリ以外の材料をフライパンに入れて中火で14分煮る。

2 水けがなくなったら、器に盛ってイタリアンパセリを飾る。

Point

あさりは事前に塩水で砂抜きを。その後、貝同士をこすり合わせるように洗って水けをきってください。

3

それはパワーみなぎる
最強おかず！

時間 **20** minutes

フライパンで軽く焼いて蒸すだけ。
甘辛いたれでお店級の味に

ローストビーフ

作り方 **2** のとき

一度焼いて
アルミ箔で包むと、
肉の内側が
ロゼ色に！

材料（2人分）

牛もも肉（ブロック）… 300g
塩こしょう … 小さじ½
オリーブオイル … 小さじ1
水 … 200㎖

A しょうゆ、みりん … 各大さじ2
砂糖 … 小さじ2
にんにくチューブ … 小さじ½

卵黄 … 1個
クレソン … 適量

Point

時間が超重要！　蒸し焼きにすると
きも、蒸らすときも、タイマーでき
ちんと時間をはかってください。

作り方

1 牛肉全体に塩こしょうとオリーブオ
イルをまぶし、フライパンに入れる。
中火にかけて肉の各面に焼き目をつ
け、一度取り出す。

2 **1**にフライパン用アルミ箔を敷き、
1の肉を包む。分量の水を注いでふ
たをし、中火で5分蒸し焼きにする。

3 火を止め、そのまま3分蒸らす。粗
熱がとれたら、アルミ箔をはずして
肉を薄切りにする。器に卵黄、　ク
レソンとともに盛り合わせ、よく混
ぜた**A**を添える。

にんにくがきいた10分煮込み。
パンにもごはんにも合います

にんにくたっぷり
トマトチキン

カットトマト（缶またはパック）
400g相当

ケチャップ
大さじ2

水
50ℓ

鶏もも肉
250g

砂糖
小さじ1

小さじ1
顆粒コンソメ

作り方1までのもの

½個
玉ねぎ（繊維に沿って7mm幅に切ったもの）

作り方
2
のとき

にんにくの香りが
食欲をそそる！

材料（2人分）

にんにく（輪切り）… 1と1/2かけ

A
鶏もも肉（から揚げ用）… 250g
玉ねぎ（繊維に沿って7mm幅に
　切ったもの）… 1/2個
カットトマト（缶またはパック）
　… 400g相当
水 … 50mℓ
ケチャップ … 大さじ2
顆粒コンソメ、砂糖 … 各小さじ1

油、パセリ（みじん切り）… 各適量

作り方

① フライパンに油とにんにくを
入れて弱火にかけ、きつね色
になるまで炒める。

② 1に**A**を加え、10分ほど煮込
む。器に盛り、パセリをふる。

Point

鶏肉はから揚げ用を買うと、切
らなくていいですし、洗い物が
少なくて済みます。にんにくを
先に炒めるひと手間で、味の完
成度が上がりますよ！

小ねぎを1束ぜ〜んぶ肉巻きに！
軽く蒸してポン酢でどうぞ

ねぎの豚バラ巻き

材料（2人分）

豚バラスライス … 200g

小ねぎ（根元を処理し、長さを半分に
　切ったもの）… 1束

水 … 100㎖

ポン酢しょうゆ … 適量

> 食欲のない日も
> これならパクリ！

作り方

1 豚肉は購入時の長い状態のまま、フライパンにのせて広げる。豚肉の真ん中に小ねぎをのせ、肉を手前から持ち上げてきつく巻く。

2 キッチンばさみで食べやすい大きさに切り、切り口を上にしてフライパンに並べる。

3 2に分量の水を加え、ふたをして中火で7分蒸し焼きにする。器に盛り、ポン酢しょうゆをかける。

> **作り方 1 のとき**

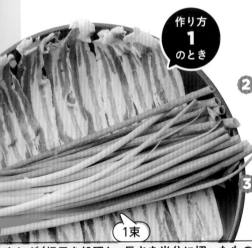

1束

小ねぎ（根元を処理し、長さを半分に切ったもの）

200g

豚バラスライス

Point

加熱しても形がくずれないように、小ねぎをギュッギュッと詰めながら、豚肉でしっかり巻きましょう！

口の中で
トマトが弾ける!

ビールのおともにぜひ。
お弁当に入れてもかわいい!

肉巻きミニトマト

材料（2人分）

豚バラスライス … 150g

ミニトマト（へたを処理したもの）
　… 12個

スライスチーズ … 3枚

水 … 50㎖

A しょうゆ、みりん
　　　… 各大さじ2
　　酒 … 大さじ1
　　砂糖 … 小さじ1

Point

チーズが溶け出しやすいので注意。
あまりさわらずに焼くのがコツ。

作り方

1 チーズ、豚肉は半分に切る。ミニトマトは2個ずつ爪楊枝に刺し、それにチーズを巻きつける。さらに豚肉を巻きつけ、フライパンに並べる。

2 分量の水を加え、ふたをして中火で3分蒸し焼きにする。

3 ふたをはずし、**A**を加えて煮立たせ、たれをスプーンでかけながら3分加熱する。汁けがとんだら完成。

仕上げの七味はお好みで

オクラの豚バラ巻き

材料（2人分）

豚バラスライス … 150g

オクラ（水洗いし、
　へたを処理したもの）… 8本

水 … 100㎖

A
　しょうゆ、みりん
　　… 各大さじ2
　酒 … 大さじ1
　砂糖 … 小さじ1

七味とうがらし … 適量

ごはんのおともにも、
おつまみにも！

時間
12
minutes

作り方

1 オクラに豚肉を巻きつけてフライパンに並べ、分量の水を加え、ふたをして中火で3分蒸し焼きにする。

2 ふたをはずし、**A**を加えて煮立たせ、再びふたをして5分煮詰める。

3 器に盛り、七味とうがらしをふる。

甘辛だれがしみしみ！

エリンギの豚バラ巻き

太さそのまま
のド迫力！

材料（2人分）

時間
12
minutes

豚バラスライス … 100g

エリンギ … 2本　水 … 100㎖

A
　しょうゆ、みりん
　　… 各大さじ2
　酒 … 大さじ1
　砂糖 … 小さじ1

作り方

1 エリンギは長さを半分に切る（小さいものならそのまま）。それぞれ豚肉で巻き、4つできたらフライパンにのせる。

2 1に分量の水を加え、ふたをして中火で6分蒸し焼きにする。

3 火が通ったら、**A**を加えて3分煮詰めて完成。

えのきの食感が
グッド！

肉はしっかり巻きつけて

えのきの豚バラ巻き

時間
12
minutes

材料（2人分）

豚バラスライス … 200g
えのきたけ（石づきを処理したもの）
　… 大1袋（約200g）
水 … 100㎖

A
　しょうゆ、みりん
　　… 各大さじ2
　酒 … 大さじ1
　砂糖 … 小さじ1

黒いりごま … 少々

作り方

1 えのきたけは6等分にする。それぞれ豚肉で巻き、6つできたらフライパンにのせる。

2 1に分量の水を加え、ふたをして中火で3分蒸し焼きにする。

3 Aを混ぜ合わせて2に加え、ときどき肉にからめながら、再び5分蒸し焼きにする。器に盛り、黒ごまをふる。

余りがちな
少量のにんじんを
活用！

にんじんの甘みで、食べやすい

にんじんの豚バラ巻き

時間
14
minutes

材料（2人分）

豚バラスライス … 150 g
にんじん … ¼本
水 … 100㎖

A
　しょうゆ、みりん
　　… 各大さじ2
　酒 … 大さじ1
　砂糖 … 小さじ1

作り方

1 にんじんは縦に6等分にする。それぞれ豚肉で巻き、6つできたらフライパンにのせる。

2 1に分量の水を加え、ふたをして中火で8分蒸し焼きにする。

3 Aを混ぜ合わせて2に加え、肉にからめながら2分焼く。

肉の中からチーズがとろ～り。
甘辛い味つけでどうぞ

なすとチーズの
豚バラ巻き

豚バラスライス
200g

なす（へたと皮を処理したもの）
2本

作り方 **1** のとき

8個

カマンベールチーズ（カットタイプ）

材料（2人分）

豚バラスライス
　… 200g
なす（へたと皮を
　処理したもの）… 2本
カマンベールチーズ
　（カットタイプ）… 8個

A 酒、しょうゆ、みりん、水
　　… 各大さじ2
砂糖 … 小さじ2

作り方

① なすは縦横半分に切る。平らな面にチーズをのせ、豚肉を1枚ずつしっかり巻きつけ、フライパンに並べる。

② Aを混ぜて**1**に加え、ふたをして弱火で5分蒸し焼きにする。

③ ふたを取り、とろみがつくまで煮詰める。器に盛り、たれをかける。

Point

カマンベールだとコクが増しますが、他のチーズでも◎。チーズが溶け出さないよう豚肉でしっかり包みましょう。

なすもチーズも
トロトロ！

ズボラ、
でも口に入れると
あら不思議！

フライパンごとテーブルに出せます

巻かない
ロールキャベツ

材料（2人分）

豚ひき肉 … 200g

玉ねぎ（みじん切り）… ½個

キャベツ（3cm角のざく切り）… ½個

A
卵 … 1個
パン粉 … 大さじ5
牛乳 … 大さじ3

B
ケチャップ … 大さじ5
みりん … 大さじ2
顆粒コンソメ … 小さじ2
水 … 100㎖

Point

肉だね作りもフライパンの中でOK！
こねたら端に寄せて、空いたところ
にキャベツを敷いていきましょう。

作り方

1 フライパンに豚ひき肉、玉ねぎ、**A**を
入れてよくこねる。

2 **1**の肉だねを端に寄せ、空いたところ
にキャベツの半量を敷き詰める。その
上に肉だねをのせて平らに広げ、上に
残りのキャベツをのせる。

3 計量カップに**B**を入れてよく混ぜ、**2**
に回し入れる。ふたをして中火で10分
蒸し焼きにする。

作り方1までのもの

作り方
2
のとき

½個

キャベツ（3cm角のざく切

鶏ひき肉をみそで味つけし
ぷっくり、しっとり蒸し焼きに

フワフワ豆腐
しそつくね

にんにくチューブ
小さじ1

鶏ひき肉
200g

小さじ1
しょうがチューブ

小さじ1
みそ

150g
木綿豆腐（水切りなし）

大さじ1
片栗粉

材料（2人分）

鶏ひき肉 … 200g

木綿豆腐（水切りなし）… 150g

A 片栗粉 … 大さじ1
しょうがチューブ、
にんにくチューブ、
みそ … 各小さじ1

油 … 適量

青じそ … 4枚

七味とうがらし、ポン酢しょうゆ
… 各適量

食べごたえ
抜群な和の味わい

作り方
1
のとき

作り方

1 フライパンに鶏ひき肉、豆腐、
Aを入れてよくこね、4等分
にして丸める。

2 **1**に油を入れて中火にかけ、
ふたをして2分焼く。

3 ひっくり返し、再びふたをし
て8分焼く。途中でこまめに
ひっくり返す。

4 器に青じそを敷いて**3**をのせ、
七味とうがらしをふり、ポン
酢しょうゆを添える。

Point

みそを入れるため、ちょっ
と焦げやすいので注意！

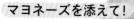

マヨネーズを添えて！

テリテリ豆腐つくね甘辛マヨ

> たれを加えたら焦がさぬよう注意！

材料（2人分）

鶏ひき肉 … 200g

木綿豆腐（水切りなし）… 150g

A
片栗粉 … 大さじ1
しょうがチューブ、
にんにくチューブ、
みそ … 各小さじ1

油 … 適量

B
しょうゆ、酒、みりん
… 各大さじ1
砂糖 … 小さじ1
水 … 50㎖

マヨネーズ … 適量

時間 **15** minutes

作り方

1. フライパンに鶏ひき肉、豆腐、**A**を入れてよくこね、8等分にして丸める。

2. **1**に油を入れて中火にかけ、ふたをして2分焼く。

3. ひっくり返し、再びふたをして5分焼く。途中、こまめにひっくり返す。**B**を混ぜて加え、ふたをせずにさらに4分、たれをからめながら焼く。器に盛り、マヨネーズを添える。

甘めのソースが合う！

とりマヨ

材料（2人分）

鶏もも肉（から揚げ用）
… 300g

塩こしょう … 小さじ½

片栗粉 … 大さじ3

A
マヨネーズ … 大さじ4
ケチャップ … 小さじ2
砂糖 … 小さじ1と½
酢 … 小さじ1

油 … 大さじ5

サニーレタス … 適量

> 余分な油をふき取るのがおいしさの秘訣

時間 **12** minutes

作り方

1. 鶏肉はポリ袋に入れ、塩こしょうと片栗粉を加えて袋の上からよくもみ込む。**A**は混ぜ合わせる。

2. フライパンに油を入れて**1**の鶏肉を入れ、中火で3分ほど焼く。ひっくり返して3分ほど焼き、余分な油をペーパータオルでふき取る。

3. 火を止め、**A**を加えて肉にからめ、サニーレタスを敷いた器に盛る。

フライパンごと食卓へ。
チーズのトロ〜リ感がたまりません

作り方 **3** のとき

なんちゃって チーズダッカルビ

材料（2人分）

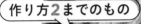
作り方2までのもの

鶏もも肉
　（ひと口大に切ったもの）… 300g

キャベツ（3cm角のざく切り）… 1/4個

にんじん（短冊切り）… 1/2本

玉ねぎ（くし形切り）… 1/2個

じゃがいも（5mm幅の細切り）… 1個

水 … 50mℓ

A
コチュジャン … 大さじ2
しょうゆ、みりん
　… 各大さじ1
にんにくチューブ
　… 小さじ1

ピザ用チーズ … 100g

100g
ピザ用チーズ

手軽に、
気分はin韓国！

作り方

① フライパンに野菜を入れて鶏肉をのせ、分量の水を加え、ふたをして中火で6分焼く。

② Aを混ぜて加え、再びふたをしてさらに8分焼く。

③ 2の中央に縦に溝を作り、そこにピザ用チーズを入れて完成。

Point

チーズを入れるのは最後。鶏肉と野菜に味をつけてから投入を。

6分蒸し焼きにするだけ。

やさしい味が白菜になじんで食べやすい!

豚バラ白菜ミルフィーユ

メイン食材2つで
ちゃちゃっと
完成!

材料（2人分）

豚バラスライス … 250g

白菜 … ¼個

A 水 … 100㎖
和風だしの素 … 小さじ1
しょうゆ、みりん
… 各大さじ1
酒 … 大さじ1

作り方

1. 白菜の根元を切り落として、葉の間に豚肉をはさむ（豚肉が短い場合は縦に複数枚並べてはさむ）。

2. 1を7㎝幅に切る。切り口を上にしてフライパンに並べ、**A**を混ぜて回し入れる。

3. ふたをして中火で6分焼く。

Point

白菜に豚肉をはさむときは、肉を広げながら入れて!

作り方
1
のとき

しょうゆ
大さじ1

水
100㎖

和風だしの素
小さじ1

大さじ1
酒

大さじ1
みりん

作り方1までのもの

61

時間 **20** minutes

肉だね作りもフライパンで。
こってり味のたれでどうぞ

ピーマンの肉詰め

材料（2人分）

ピーマン … 5個

A
合いびき肉
　　… 130g
玉ねぎ（みじん切り）
　　… ¼個
卵 … 1個
パン粉 … 大さじ2
牛乳 … 大さじ1
顆粒コンソメ … 小さじ1
塩こしょう … 小さじ½

油 … 小さじ1

B
卵黄 … 2個
しょうゆ、みりん
　　… 各大さじ2
砂糖 … 小さじ2

作り方
1
のとき

卵黄が
まったり合う！

作り方

1 ピーマンは縦半分に切る（種もへた
も取り除かない）。フライパンに**A**
を入れてよくこね、ピーマンに詰め
たら肉だねを下にし、並べる。

2 油を入れてふたをし、弱火で5分焼
く。その間に**B**を合わせておく。

3 ひっくり返してさらに3分焼く。器
に盛り、**B**のたれを添える。

Point

ピーマンは火を通せば全部食べら
れるので、種＆へた付きでぜひ！

しっかり辛くて
ジューシー

豆板醬の辛みをきかせて、食欲をそそるうま辛味に

ヤンニョムチキン

材料（2人分）

鶏もも肉（から揚げ用）… 300g
片栗粉 … 大さじ 3
塩こしょう … 小さじ 1/2
油 … 大さじ 3

A
ケチャップ … 大さじ 2
みりん、コチュジャン
　　… 各大さじ 1
豆板醬 … 小さじ 1

白髪ねぎ … 適量

作り方

1. 鶏肉はポリ袋に入れ、塩こしょう、片栗粉をまぶす。

2. フライパンに油を熱し、**1** を入れて中火で 6 分ほど焼く。途中でひっくり返し、余分な油をペーパータオルでふき取る。

3. **A** を混ぜ合わせて **2** に加え、2 分ほどからめたら完成。器に盛り、白髪ねぎをのせる。

Point

鶏肉は皮目から焼きましょう。
辛さは、豆板醬の量で調整を。

食欲をそそる香りと甘辛さは
まさに飯テロ!?

豚キムチ

作り方**1**までのもの

にんにく チューブ
小さじ1

ょうゆ
小さじ2

キムチ
200g

大さじ1
砂糖

作り方
2
のとき

最強のごはん
のおとも!

材料（2人分）

豚バラスライス
　（6㎝幅に切ったもの）
　… 200g
キムチ … 200g
ごま油…小さじ1
A
　砂糖…大さじ1
　しょうゆ…小さじ2
　にんにく チューブ
　　…小さじ1

作り方

① フライパンにごま油を入れ、切った豚肉を敷き詰める。

② その上にキムチと **A** を加えて中火にかけ、5分炒めたら完成。

Point

豚肉は写真のように放射状にしなくても、広げればOK。

64

Chapter

4

家中華

それはお酒と抜群に合う
乾杯グルメ！

ワンパンで肉だね作り＆
焼きまでできて、洗い物激減！

基本のこた餃子

作り方
2
のとき

14枚
餃子の皮

作り方1までのもの

Point

肉だねがなるべくフライパンに残らない
ようにすくいましょう。餃子の皮の枚数
は、肉だねの詰め具合に合わせて増減を。

66

材料（2人分）

餃子の皮 … 14枚
豚ひき肉 … 150g
にら（1cm幅に切ったもの）
　… 1/2束

A 鶏ガラスープの素、
　　砂糖、
　　にんにくチューブ、
　　しょうがチューブ、
　　酒、みりん、しょうゆ、
　　オイスターソース、
　　ごま油 … 各小さじ1
ごま油 … 大さじ1
水 … 50ml
酢、こしょう … 各適量

作り方

1 にらをキッチンばさみで切りながらフライパンに入れ、豚ひき肉と**A**を加えてよく混ぜ、フライパンの片側に寄せる。

2 1の肉だねをスプーンですくって餃子の皮で包み、フライパンの空いているところに並べる。

3 2にごま油を回し入れ、弱火で3分、皮の底に焼き目がつくくらい焼く。分量の水を加え、ふたをして中火で5分焼く。

4 水分がなくなったら器に盛り、酢にこしょうを加えたたれを添える。

包丁＆まな板いらず
でうれしい！

とろ～り
チーズ餃子

辛さがポイント
の変わり種！

材料（2人分）

時間 **20** minutes

餃子の皮 … 14枚
豚ひき肉 … 150g
にら（1cm幅に切ったもの）… ½束
ピザ用チーズ … 45g

A 鶏ガラスープの素、砂糖、
にんにくチューブ、
しょうがチューブ、酒、みりん、
しょうゆ、オイスターソース、
ごま油 … 各小さじ1

ごま油 … 大さじ1
水 … 50ml

作り方

「基本のこた餃子」（**P66**）の作り方
1 の肉だねにピザ用チーズも加えて、
作り方 **2**、**3** の手順を同様に進める。

たれがなくても
しっかりした味！

時間 **20** minutes

餃子とキムチは相性抜群

ピリッと
キムチ餃子

材料（2人分）

餃子の皮 … 14枚
豚ひき肉 … 150g
にら（1cm幅に切ったもの）… ½束
キムチ（刻んだもの）… 50g

A 鶏ガラスープの素、砂糖、
にんにくチューブ、
しょうがチューブ、酒、みりん、
しょうゆ、オイスターソース、
ごま油 … 各小さじ1

ごま油 … 大さじ1
水 … 50ml

作り方

「基本のこた餃子」（**P66**）の作り
方 **1** の肉だねにキムチも加えて、
作り方 **2**、**3** の手順を同様に進め
る。器に盛り、好みでキムチ（分
量外）を添える。

梅干し入りで
食欲増進!

梅干しで味変!

爽やか梅餃子

材料（2人分）

時間
20
minutes

餃子の皮 … 14枚
豚ひき肉 … 150g
にら（1cm幅に切ったもの）… ½束
はちみつ梅干し（種を処理して
　刻んだもの）… 大3個

A 鶏ガラスープの素、砂糖、
　にんにくチューブ、
　しょうがチューブ、酒、みりん、
　しょうゆ、オイスターソース、
　ごま油 … 各小さじ1

ごま油 … 大さじ1
水 … 50mℓ

作り方

「基本のこた餃子」（**P66**）の作り
方**1**の肉だねにはちみつ梅干しも
加えて、作り方**2**、**3**の手順を同
様に進める。器に盛り、好みで梅
干しの果肉（分量外）を飾る。

甘酸っぱさが新鮮

パプリカ餃子

材料（2人分）

時間
20
minutes

餃子の皮 … 14枚
豚ひき肉 … 150g
にら（1cm幅に切ったもの）… ½束
黄パプリカ（みじん切り）
　… 40g

A 鶏ガラスープの素、砂糖、
　にんにくチューブ、
　しょうがチューブ、酒、
　みりん、しょうゆ、
　オイスターソース、ごま油
　　… 各小さじ1

ごま油 … 大さじ1
水 … 50mℓ

作り方

「基本のこた餃子」（**P66**）の作り方
1の肉だねに黄パプリカも加えて、
作り方**2**、**3**の手順を同様に進める。

赤パプリカや
ピーマンでもOK!

69

全部一緒に煮込むだけ。
辛みがきいてやめられない味

ズボラ麻婆豆腐

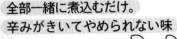

材料（2人分）

絹ごし豆腐
　（大きめの角切り）
　…1丁（400g）
豚ひき肉…100g
みそ、砂糖…各大さじ1
しょうゆ、ごま油、
鶏ガラスープの素、
にんにくチューブ、
しょうがチューブ、豆板醤、
コチュジャン、片栗粉
　…各小さじ1
水…150ml
小ねぎ（小口切り）…適量

片栗粉
小さじ1

豚ひき肉
100g

絹ごし豆腐
（大きめの角切り）
1丁（400g）

みそ
大さじ1

砂糖
大さじ1

150ml
水

各小さじ1
しょうゆ／ごま油／
鶏ガラスープの素／
にんにくチューブ／
しょうがチューブ／豆板醤／
コチュジャン

鬼簡単なので
リピート率高し！

作り方

フライパンに豆腐を入れ、小ねぎ以外の材料を加えて混ぜ、ふたをして中火で10分煮込む。器に盛り、小ねぎを散らす。

Point

片栗粉は固まりがちなので、火にかける前に、フライパン内で分量の水に混ぜて溶かしておくと◎。

なすは
フライパン上で
切ればラク！

油で炒めずヘルシー！
ズボラ麻婆なす

時間
13
minutes

材料（2人分）

なす（へたを処理し7mm幅の輪切り）
　… 4本
豚ひき肉 … 100g
みそ、砂糖 … 各大さじ1
しょうゆ、ごま油、
鶏ガラスープの素、にんにくチューブ、
しょうがチューブ、豆板醤、
コチュジャン、片栗粉
　… 各小さじ1
水 … 150mℓ
長ねぎ（小口切り）… 適量

作り方

長ねぎ以外の材料をフライパンに入れて混ぜ、ふたをして中火で10分煮込む。器に盛り、長ねぎをのせる。

マヨ+ケチャップのソース
お手軽えびマヨ

時間
10
minutes

材料（2人分）

むきえび … 250g（15尾）
片栗粉 … 大さじ2
A マヨネーズ … 大さじ4
　ケチャップ … 小さじ2
砂糖 … 小さじ1と½
酢 … 小さじ1
油 … 大さじ3

作り方

① ポリ袋にむきえびと片栗粉を入れ、袋をふって粉をまぶす。**A**を混ぜ合わせる。

② フライパンに油を入れて中火にかけ、**1**のえびをときどき返しながら4分焼く。

③ 余分な油をペーパータオルでふき取り、火を止めて**A**を加えてからめる。

片栗粉効果で
ソースが
よくからむ

かわいいひと口サイズ。
蒸し器を使わずにできる!

パリもち シュウマイ

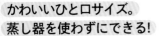

時間 20 minutes

材料（2人分）

豚ひき肉 … 150g

A
玉ねぎ（みじん切り）
　… 1/4個
しょうゆ、砂糖
　… 各小さじ2
鶏ガラスープの素、
ごま油 … 各小さじ1
しょうがチューブ、
にんにくチューブ
　… 各小さじ1/2

シュウマイの皮 … 12枚
水 … 100ml

作り方1までのもの

作り方 **2** のとき

12枚
シュウマイの皮

底はパリッと、
上は
もちもち！

作り方

① ポリ袋に豚ひき肉と**A**を入れ、袋の上からこねる。

② フライパンにシュウマイの皮を並べる。**1**の袋の角を少し切り、肉だねを皮の上にしぼり出し、皮の4つの角を持ち上げて包む。

③ **2**に分量の水を注ぎ、ふたをして中火で6分焼いて完成。

Point

たれは酢こしょうがおすすめ。皮の枚数は肉だねに合わせて調整を。

作り方**1**までのもの

玉ねぎ（縦に薄切り）
½個

作り方
2
のとき

½本

にんじん（3mm幅の輪切り）

酸味がほどよく
箸が止まらない！

豚肉は香ばしく
揚げ焼きに

基本の
こた酢豚

時間
20
minuts

材料（2人分）

豚肉（カレー用）… 200g
にんじん（3mm幅の輪切り）… ½本
玉ねぎ（縦に薄切り）… ½個
ピーマン（へたは処理し、
　種はそのままのもの）… 2個
片栗粉、油 … 各大さじ2

A
ケチャップ、酒 … 各大さじ2
しょうゆ、みりん、酢
　… 各大さじ1
砂糖 … 小さじ2

作り方

1 ピーマンは縦4等分に切って、さ
　らに長さを半分に切る。豚肉はポ
　リ袋に入れ、片栗粉を加えてまぶす。
　Aは合わせておく。

2 フライパンに油を熱し、**1**の豚肉
　を中火で3分揚げ焼きにする。野
　菜を加え、さらに8分ほど炒める。

3 火が通ったら**1**の**A**を**2**に加え、
　混ぜながら3分炒めて完成。

野菜の甘みとたれが合います

秋野菜の酢鶏

材料（2人分）

時間
20
minute

鶏もも肉（から揚げ用）… 200g
さつまいも（薄い輪切り）… ¼本
玉ねぎ（薄切り）… ¼個
なす（輪切り）… ½本
しいたけ（7mm幅に切ったもの）… 2枚
片栗粉、油 … 各大さじ2

A
ケチャップ、酒 … 各大さじ2
しょうゆ、みりん、酢
　… 各大さじ1
砂糖 … 小さじ2

アレンジの
幅の広さは
無限大

作り方

「基本のこた酢豚」
（**左**）の材料を鶏肉
や上記の野菜に替え、
作り方**1**〜**3**の手順
を同様に進める。

このたれ絶品！

お買い得のむね肉がごちそうに

ヘルシーよだれ鶏

クック！

水
300mℓ

鶏むね肉
300g

作り方
1
のとき

油いらずで
しっとり！

ヘルシー
なのに十分な
満足感!

材料（2人分）

鶏むね肉 … 300g

水 … 300㎖

A
長ねぎ
　（青い部分も含めて、
　小口切り）… ½本
しょうゆ … 大さじ1
ごま油、酢、ラー油、
にんにくチューブ、
しょうがチューブ、
はちみつ、白すりごま、
レモン果汁調味料
　… 各小さじ1

作り方

1 フライパン用アルミ箔を敷いて鶏肉を
のせ、フォークで肉の両面に穴を開け、
アルミ箔で包む。分量の水を加えてふ
たをし、中火で18分蒸す。

2 Aをよく混ぜてたれを作る。

3 鶏肉が蒸し上がったら、そぎ切りにして
器に盛り、**2**をかけて完成。

Point

蒸しているときにアルミ箔の中に水が
入らないように、しっかり包みましょう。
水がなくなりそうになったら、さらに50
〜100㎖足して、調整してください。

こた流 超簡単デザート

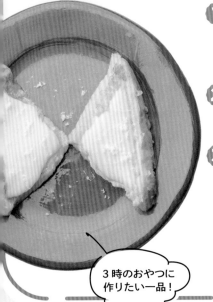

作り方
1
のとき

甘じょっぱい味がクセになりそう

とろ〜リチーズ フレンチトースト

材料（2人分）

時間
10
minutes

食パン（6枚切り）… 1枚

A 卵 … 1個
牛乳、砂糖 … 各大さじ3
バター … 10g

スライスチーズ … 2枚

砂糖 … 適量

作り方

1 フライパンに**A**を入れてよく混ぜる。食パンはキッチンばさみで対角線で4等分に切り、**A**の液に浸す。チーズは斜めに2等分に切る。

2 食パンに液がなじんだら、弱火で3分焼く。裏返してチーズを1切れずつのせ、ふたをしてさらに3分焼く。

3 チーズが溶けたら、器に盛って砂糖をふる。

Point

バニラアイスをのせたり、チョコチップをかけて食感を変えたりするなど、いろんなアレンジができます。

3時のおやつに
作りたい一品！

Chapter

5

魚

それは偏りがちな食材に
変化をつけるレスキューグルメ!

漬け込み不要。たれを加えてひと煮立ちで完成!

あじの南蛮漬け

油
大さじ3

作り方**1**までのもの

作り方
2
のとき

片栗粉が、
酸っぱおいしい
味をからませる!

材料（2人分）

小あじ（下処理済みで、
　10cm程度のもの）… 8尾
にんじん（細切り）… 1/4本
玉ねぎ（薄切り）… 1/4個
酒 … 小さじ1
片栗粉 … 大さじ2
A
　酢 … 大さじ5
　しょうゆ、砂糖
　　… 各大さじ1
　和風だしの素 … 小さじ1
油 … 大さじ3
小ねぎ（小口切り）… 適量

作り方

1 小あじをポリ袋に入れ、酒、片栗粉を順に
加えてよくまぶす。**A**は混ぜ合わせておく。

2 フライパンに油を熱し、**1**の小あじを弱火
で10分揚げ焼きにする。途中で一度裏返す。

3 **2**ににんじんと玉ねぎを加えて炒め、野菜
に火が通ったら、**1**の**A**を加えて中火でひ
と煮立ちさせる。器に盛り、小ねぎを散ら
す。

Point

未処理の小あじを買った場合は、胸びれと背
びれ、ぜいごを切り取り、えら、内臓を取り
除きましょう。普通のあじを使ってもOK。

フライパンが汚れない！
バターが味の決め手に

さけの
ホイル焼き

材料（2人分）

生ざけ … 2切れ
玉ねぎ（薄切り）… ¼個
にんじん（細切り）… ¼本
えのきたけ
　（石づきを処理し、ほぐしたもの）
　… 大½袋（約100g）
しょうゆ … 大さじ1
和風だしの素 … 小さじ1
バター … 10g

玉ねぎ（薄切り）
¼個

にんじん（細切り）
¼本

和風だしの素
小さじ1

しょうゆ
大さじ1

生ざけ
2切れ

10g
バター

大½袋（約100g）
えのきたけ（石づきを処理し、ほぐしたもの）

ほぼ
ほったらかしで
おかず完成！

作り方
1
のとき

作り方

1 フライパン用アルミ箔を敷き、材料をすべてのせる。

2 1にふたをして、弱火で10分蒸し焼きにしたら完成。

Point

「甘塩ざけ」や「塩ざけ」は、しょっぱくなるので注意。

大根の栄養を、
残さず
いただきます！

大根おろしたっぷりにして、さっぱり、食べやすく！

なんちゃってぶり大根

材料（2人分）

ぶり… 2切れ

A
みりん … 大さじ 4
しょうゆ … 大さじ 3
酒 … 大さじ 2
砂糖 … 大さじ 1
水 … 100㎖

大根（すりおろしたもの）
　… 1/4本

七味とうがらし … 適量

作り方

① フライパンに **A** を入れて混ぜ合わせ、ぶりを中央に並べ入れる。中火にかけ、ときどき煮汁をかけながら 5 分煮る。

② 1 に大根おろしを加えて 5 分煮る。器に盛り、好みで七味とうがらしをふる。

作り方
1
のとき

水
100㎖

酒
大さじ2

しょうゆ
大さじ3

砂糖
大さじ1

ぶり
2切れ

大さじ4
みりん

Point

臭みが気になる人は、大根おろしをどっさり加えてみてください。

さばに合う甘辛みそ味。野菜もしっかり食べられる!

さばの ちゃんちゃん焼き

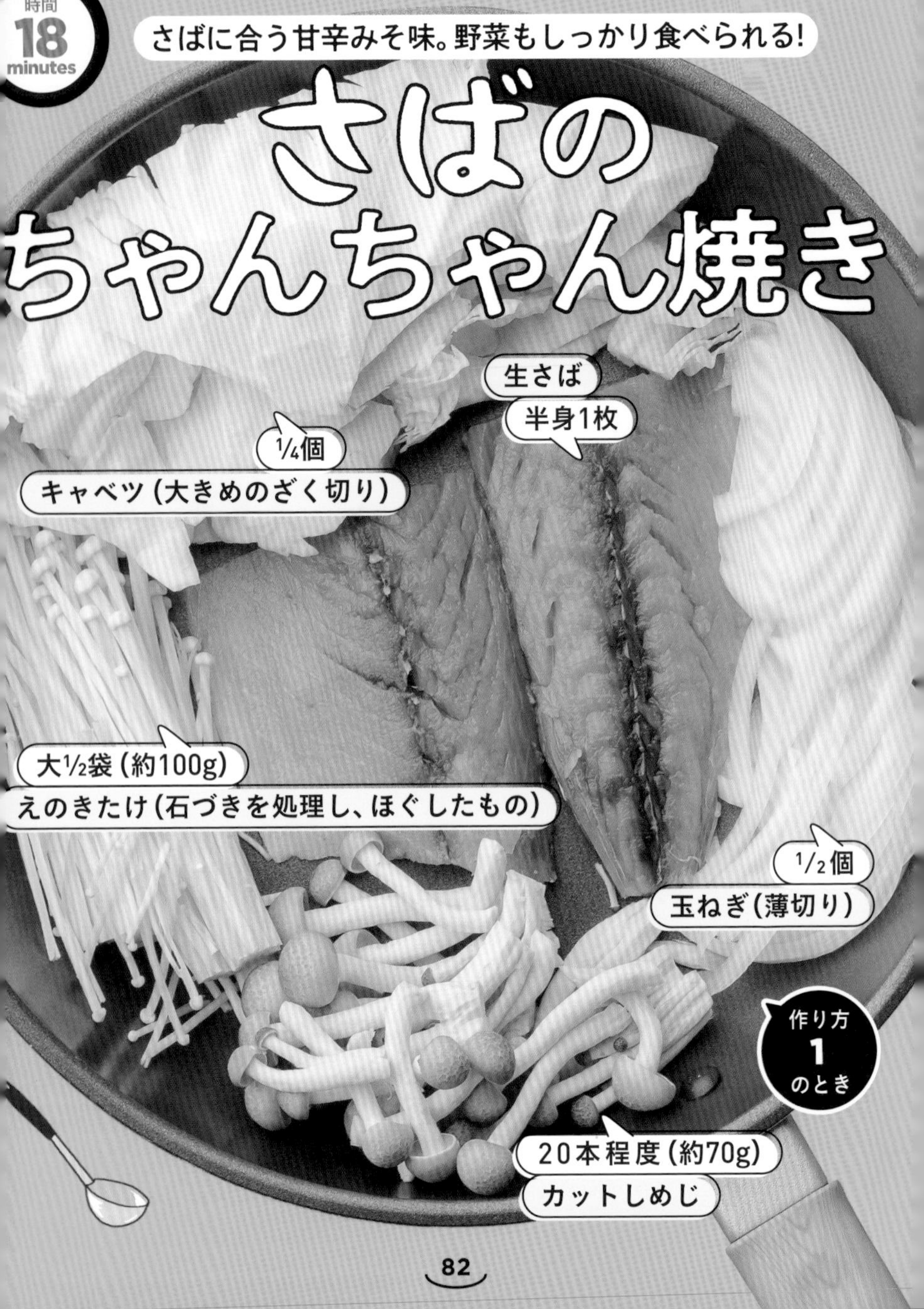

生さば
半身1枚

1/4個
キャベツ(大きめのざく切り)

大1/2袋(約100g)
えのきたけ(石づきを処理し、ほぐしたもの)

1/2個
玉ねぎ(薄切り)

作り方
1
のとき

20本程度(約70g)
カットしめじ

タンパク質も
野菜も一気に
摂れる!

材料（2人分）

生さば … 半身1枚
キャベツ（大きめのざく切り）
　… 1/4個
玉ねぎ（薄切り）… 1/2個
カットしめじ
　… 20本程度（約70g）
えのきたけ
　（石づきを処理し、ほぐしたもの）
　… 大1/2袋（約100g）
A みそ、しょうゆ、みりん、砂糖
　　　… 各大さじ2
　　酒 … 大さじ1

作り方

1 さばは半分に切り、フライパンに入れて弱火にかける。野菜やきのこも準備できたものから加え、全部入れたらふたをして中火で8分焼く。

2 Aを混ぜ合わせて1に加え、さらに5分煮からめて完成。

Point

さばは、塩さばだとしょっぱくなるので、生さばを買ってください。さばを弱火で焼いている間に、野菜のカットやきのこの下準備を進めて順に投入していくと、時短に!

時間 **12** minutes

軽く焦げ目がつくぐらい
こんがり炒めて

ガーリックシュリンプ

> オリーブオイル
> 大さじ2

> バター
> 10g

> 大さじ1
> レモン果汁調味料

> 大さじ1
> にんにくチューブ

> 200g
> バナメイえび（背ワタ、頭を処理したもの）

材料（2人分）

バナメイえび
　（背ワタ、頭を処理
　したもの）… 200g
オリーブオイル
　… 大さじ2
にんにくチューブ、
レモン果汁調味料
　… 各大さじ1
バター … 10g

> スナック感覚で
> バリバリ
> 食べたい！

作り方

フライパンに材料をすべて入
れ、中火でときどき返しなが
ら8分炒めたら完成。

Point

えびは殻ごと炒めます。焦
げやすいので、こまめに様
子を見てください。

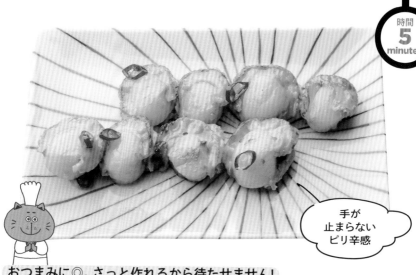

手が
止まらない
ピリ辛感

おつまみに◎。さっと作れるから待たせません!

ペペロンほたてバター

材料（2人分）

ベビーほたて（加熱用）… 8個
にんにくチューブ、
中華風スープの素 … 各小さじ1
バター … 10g
赤とうがらし（輪切り）
　… ふたつまみ

作り方

フライパンに材料をすべて入
れ、中火でときどき返しなが
ら4分炒めたら完成。

Point

このレシピも焦げやすいの
で、こまめに確認を。

中華風スープの素
小さじ1

にんにくチューブ
小さじ1

バター
10g

8個
ベビーほたて

ふたつまみ
赤とうがらし（輪切り）

それぞれのうまみが
麺にしみる推しメン!

シーフード だくだく 焼きそば

キャベツ（ひと口大のざく切り）
¼個

冷凍シーフードミックス
100g

塩こしょう
小さじ½

作り方
1
のとき

小さじ2
鶏ガラスープの素

材料（2人分）

冷凍シーフードミックス
　　… 100g
キャベツ（ひと口大のざく切り）
　　… ¼個
鶏ガラスープの素 … 小さじ 2
塩こしょう … 小さじ ½
焼きそば麺 … 2 玉

作り方

1 フライパンに焼きそば麺以
外の材料を入れ、中火でキ
ャベツがしんなりするまで
5 分炒める。

2 焼きそば麺をほぐして **1** に
加え、炒め合わせる。器に
盛り、好みで粗びき黒こし
ょう少々（分量外）をふる。

Point

シーフードミックスは解凍せ
ず、凍ったまま入れてOK。

さっぱり、
でも満足度高し!

Chapter
6
野菜

それはワンパンでも意識して摂りたい
バランスおかず!

おつまみにもってこい。5分炒めるだけで味しみ〜

ピーマンと
ちくわの
煮びたし風

和風だしの素
小さじ½

作り方1までのもの

作り方
2
のとき

50㎖
水

各大さじ1
しょうゆ／みりん／酒

小さじ2
油

調味料も一気に
加えちゃおう！

材料（2人分）

ピーマン … 5個
ちくわ … 2本

A しょうゆ、みりん、酒
　　 … 各大さじ1
油 … 小さじ2
和風だしの素 … 小さじ½
水 … 50㎖

作り方

1. ピーマンはキッチンばさみでへたを切り取り、フライパンの上で種ごと縦4等分に切る。ちくわもキッチンばさみで斜め切りにして加える。

2. Aを1に加え、混ぜながら中火で5分炒めて完成。

Point

ピーマンは種にも栄養があるから、取らずに使っちゃいましょう。油をごま油に替えて、コクを出すのもあり！

できたても、冷まして
味をしみ込ませてからも◎

なすの揚げびたし風

材料（2人分）

なす
　（へたを処理し3cm幅の輪切り）
　… 2本

油 … 大さじ4

A
　しょうゆ、みりん、酒、水
　　… 各大さじ1
　しょうがチューブ … 小さじ1
　和風だしの素 … 小さじ½

作り方

1 フライパンに油を中火で熱してなすを入れ、ときどき返しながら6分揚げ焼きにする。

2 こんがりと揚がったら一度火を止め、ペーパータオルで余分な油をふき取り、**A**を加えてひと煮立ちさせて完成。

Point

なすは油と相性がいいから、多めの油で調理するのがおすすめ。お好みで、仕上げに削り節をかけてもOK。

味しみしみ〜が
たまらない！

元気が
出る味です!

シンプルなしょうゆ味が、ほろにがゴーヤにぴったり

ゴーヤチャンプルー

材料（2人分）

油 … 小さじ1

A
ゴーヤ（縦半分に切って種と
　ワタを処理し、薄切り）
　　… 1/2本
豚バラスライス
　（3cm幅に切ったもの）… 100g
木綿豆腐（角切り）… 150g
しょうゆ … 小さじ2
塩 … 小さじ1/2

卵 … 1個
削り節 … 適量

作り方

1 フライパンに油を回し入れて**A**
を加え、中火で5分炒めたら、
卵を割り入れて混ぜながら、さら
に2分炒める。

2 器に盛り、削り節をふる。

作り方
1
のとき

木綿豆腐（角切り）
150g
塩
小さじ1/2
豚バラスライス（3cm幅に切ったもの）
100g
しょうゆ
小さじ2
小さじ1
油
1/2本
ゴーヤ（縦半分に切って種とワタを処理し、薄切り）

Point

卵をフライパンに加えた
ら手早く混ぜましょう。

食べ始めたら止まらなくなるから覚悟して!

やみつき ペペロン枝豆

にんにくの香りとピリ辛がたまらん!

にんにくチューブ 小さじ1

赤とうがらし ふたつまみ (輪切り)

小さじ1 中華風スープの素

小さじ1 オリーブオイル

400g 冷凍枝豆

材料(2人分)

冷凍枝豆 … 400g

オリーブオイル、
にんにくチューブ、
中華風スープの素 … 各小さじ1

赤とうがらし(輪切り)
　… ふたつまみ

作り方

フライパンに材料をすべて入れ、中火で5分加熱して完成。

Point

枝豆は凍ったまま調理し始めてください。解凍すると水っぽくなってしまうので気をつけましょう。

ペペロンえのき

時間
4
minutes

材料（2人分）

えのきたけ
　（石づきを処理してほぐしたもの）
　　… 大1袋（約200g）
ベーコン（棒状カットのもの）… 50g
オリーブオイル、
にんにくチューブ、
中華風スープの素 … 各小さじ1
赤とうがらし（輪切り）… ひとつまみ

> とうがらしの
> 量は好みで
> 調整を

作り方

フライパンに材料をすべて入れ、
中火で3分炒めて完成。

ペペロンポテト

時間
11
minutes

材料（2人分）

じゃがいも
　（皮をむき、1.5cm角の棒状に
　　切ったもの）… 3個
油 … 大さじ3

A 中華風スープの素、
　にんにくチューブ … 各小さじ1
　赤とうがらし（輪切り）… ふたつまみ

> お店みたいな
> 味の仕上がりに
> 驚き！

作り方

1. フライパンに油を中火で熱し、じゃがいもを入れて5分揚げ焼きにする。
2. こんがりと焼き色がついたら、ペーパータオルで油をふき取り、**A**を加えて混ぜ合わせて完成。

副菜に困ったら
パパッといかが？

炒めすぎないほうが◎。野菜不足解消にもお役立ち

ほうれん草と ベーコンのペペロン

材料（2人分）

ほうれん草
　（根元を切り落としたもの）… 8株

ベーコン（棒状カットのもの）… 70g

にんにくチューブ、中華風スープの素
　… 各小さじ1

バター … 10g

赤とうがらし（輪切り）… ふたつまみ

作り方

フライパンに材料をすべて入れて中火にかけ、上下を返しながら3分炒めて完成。

Point

ベーコンの代わりにソーセージを斜め薄切りにして使うのもあり！

重ねて蒸すだけ。
濃いめのしょうゆ味がごはんに合います

キャベツたっぷり豚バラ蒸し

油
大さじ1

塩
小さじ½

150g
豚バラスライス（5cm幅に切ったもの）

大さじ1
みりん

大さじ1と⅓
しょうゆ

½個
キャベツ（ひと口大のざく切り）

Point

キャベツは、フライパンの
上で手でちぎってもOK。

豚バラと
キャベツ、
相性よすぎる！

材料（2人分）

豚バラスライス
　（5cm幅に切ったもの）… 150g
キャベツ
　（ひと口大のざく切り）… ½個
しょうゆ … 大さじ1と⅓
油、みりん … 各大さじ1
塩 … 小さじ½

作り方

フライパンに材料をすべて入れてふ
たをし、中火で10分ほど蒸して完成。

水は加えず、野菜から出る水分だけでコクうま！

トマトの無水カレー

玉ねぎ（薄切り）
½個

カットしめじ
20本程度（約70g）

にんじん（薄い輪切り）
¼本

カットトマト（缶またはパック）
400g相当

じゃがいも（薄い輪切り）
2個

作り方
1
のとき

カットトマト、
野菜の順に
入れよう

材料（2人分）

カットトマト（缶またはパック）
　… 400g相当

A
　じゃがいも（薄い輪切り）
　　… 2個
　玉ねぎ（薄切り）… ½個
　にんじん（薄い輪切り）… ¼本
　カットしめじ
　　… 20本程度（約70g）

豚バラスライス
　（4 cm幅に切ったもの）… 200g

B
　板チョコ … ⅕枚
　カレールウ（中辛）… 2かけ

温かいごはん … 1合（茶碗2杯分）

ピクルス（みじん切り）… 適量

作り方

1. フライパンにカットトマトを入れ、ふたをして弱火にかける。**A**を切ったものから加えていく。

2. 豚肉はキッチンばさみで切りながら**1**に加え、さい箸などでほぐし、ふたをして10分煮る。

3. ふたを取り、**B**を加えて溶かし、全体を混ぜる。

4. ごはんとともに器に盛り、好みでピクルスを添える。

Point

野菜類は、薄く切れば切るほど火の通りが早くなり、時短につながります！

春雨をもどしながら調理する
手抜きテクで、手早く完成

らくらくチャプチェ

材料（2人分）

春雨（緑豆）… 100g

水 … 200mℓ

A
豚バラスライス
（6cm幅に切ったもの）… 100g
にんじん（せん切り）… 1/4本
玉ねぎ（細めのくし形切り）
… 1/2個
エリンギ（短冊切り）… 1本
ピーマン（細切り）… 1個
にら（2cm幅に切ったもの）
… 1/2束

B
しょうゆ … 大さじ2
砂糖、オイスターソース、
みりん、酒 … 各大さじ1
鶏ガラスープの素、
ごま油 … 各小さじ1

おかずにも、
お酒のシメにも
グッド

エリンギ（短冊切り）
1本

1/2個

玉ねぎ（細めのくし形切り）

作り方**1**までのもの

1個

ピーマン（細切り）

作り方
2
のとき

1/4本

にんじん（せん切り）

100g

豚バラスライス
（6cm幅に切ったもの）

1/2束

にら（2cm幅に切ったもの）

作り方

① フライパンに春雨と分量の水を
入れ、弱火にかける。

② **1**の春雨がやわらかくなったら、
Aをすべて加えて5分炒める。
豚肉は早めにほぐす。

③ **B**を加え、さらに5分炒めて完
成。

Point

野菜と豚肉を加える段階で、まだ
水が残っていても大丈夫。

にんじんの甘さを味わおう！

ピーラーやめんつゆを使い、切るのも味つけもラクに

にんじんピラピラ

材料（2人分）

にんじん … 1本
卵（溶きほぐしたもの）… 1個

A めんつゆ（3倍濃縮）… 小さじ2
酒、みりん、和風だしの素
… 各小さじ1

油 … 小さじ1

Point

にんじんをピーラーでカットすると、歯ごたえがやさしくなります。

作り方

1. にんじんはピーラーでリボン状にカットする。**A**は合わせておく。

2. フライパンに油を熱し、にんじんを中火で3分炒める。

3. **2**に溶き卵を回し入れて弱火にし、**A**を加え、混ぜながらさっと火を通して完成。

99

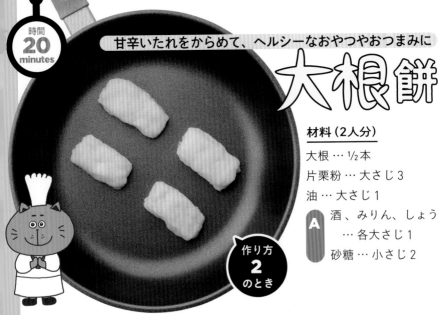

時間 **20** minutes

甘辛いたれをからめて、ヘルシーなおやつやおつまみに

大根餅

作り方 **2** のとき

材料（2人分）

大根 … 1/2本
片栗粉 … 大さじ3
油 … 大さじ1

A 酒、みりん、しょうゆ … 各大さじ1
砂糖 … 小さじ2

Point

大根おろしの水分を捨てたら、ふき取ることも大事です。

つまむのにちょうどいいサイズ

作り方

1 フライパンにペーパータオルを2枚重ねて敷き、その上に大根をすりおろす。ペーパーごと持ち上げ、大根おろしの水けをしっかりしぼり、水分は捨てる。

 >

2 大根おろしを戻し入れ、片栗粉を加えてよくこねる。4等分にし、俵形に成形する。

3 2に油を入れて中火にかけ、上下を返しながら3分焼く。焼き目がついたらAをよく混ぜて加え、2分焼いて完成。

Chapter

7

おつまみ

それはストレス発散の夜に欠かせない
相棒グルメ！

時間
20
minutes

具なしだけれど
こんがり香ばしくて満足

とろろ鉄板焼き

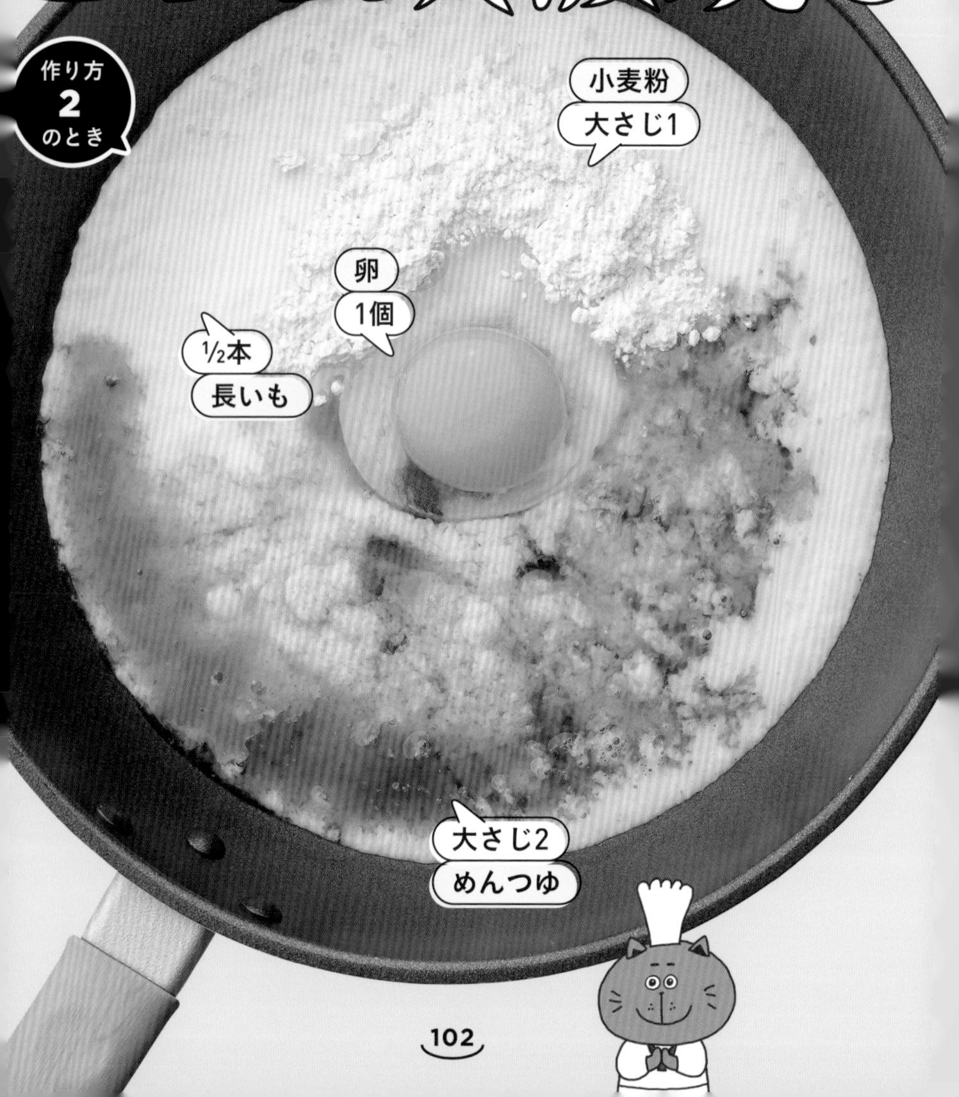

長いもで
なめらか～に

材料（2人分）

油 … 大さじ1
長いも … 1/2本
A
　卵 … 1個
　めんつゆ（3倍濃縮）… 大さじ2
　小麦粉 … 大さじ1
マヨネーズ、刻みのり … 各適量

Point

　長いもをフライパンに直接すりおろしてしまえば、ネバネバする洗い物が減るのでラクになります。フライパンごと食卓に出して！

作り方

1　フライパンに油を入れて温め、全体に行き渡らせ、一度火を止める。

2　長いもはピーラーで皮をむき、1の中にすりおろす。Aを加え、よく混ぜ合わせる。

3　2を弱火で5分ほど焼き、ひっくり返してさらに5分焼く。

4　香ばしく焼けたら、マヨネーズを細くしぼり、刻みのりを散らして完成。

鶏ひき肉をサンド。
れんこんの歯ごたえを生かした蒸し焼きに

甘辛れんこんの鶏ひき肉はさみ焼き

れんこん（1cm幅の輪切り）
200g（約12cm）

作り方 **2** のとき

作り方1までのもの

材料（2人分）

れんこん（1cm幅の輪切り）
… 200g（約12cm）

A
鶏ひき肉 … 200g
片栗粉 … 大さじ1
しょうがチューブ … 小さじ1
塩こしょう … 小さじ½

水 … 100㎖

B
しょうゆ、みりん
　… 各大さじ2
酒 … 大さじ1
砂糖 … 小さじ1

シャキシャキ感と
甘みが最高！

作り方

1. フライパンに**A**を入れてよく混ぜ、6等分にする。

2. れんこんを2枚1組にして**1**をはさんだら並べ入れ、分量の水を加え、ふたをして中火で5分蒸し焼きにする。

3. **2**に**B**を加え、途中で上下を返して3分蒸し焼きにする。ふたを取って汁けをとばして完成。

Point

分量どおりのれんこんが手に入らない場合は、輪切りの枚数に応じて、**1**の等分を変えてください。

溶け出すチーズが
またおいしい

ピーマンでまるごと包み、
肉汁が逃げにくい！

肉巻きチーズの
ピーマンはさみ焼き

材料（2人分）

豚バラスライス … 150g

ピーマン … 6 個

カマンベールチーズ
（カットタイプ）… 6 個

A
酒、しょうゆ、みりん、水
　… 各大さじ 2

砂糖 … 小さじ 2

Point

購入時の豚バラスライスが7枚
以上の場合は、分量を6等分し
て、それぞれをカマンベールチー
ズ1個に巻きつけてください。

作り方

1 ピーマンはへたの部分
を切り離さないように
キッチンばさみで縦に
切り込みを入れる。

2 豚肉を 1 枚ずつ広げる。豚肉 1 枚につき、
カマンベールチーズ 1 個を手前にのせ、
クルクルと巻き、**1** の切り目に詰める。

3 フライパンに **2** と **A** を入れ、ふたをし
て弱火で 5 分蒸し焼きにする。ときどき
上下を返す。

4 さらに 5 分経ったらふたを取り、たれを
煮詰めて完成。

クリーム状のたらことチーズを包んだ、
子どもも喜ぶおつまみ

和風
たらチー
オムレツ

中からチーズが
トロ～リ

材料（2人分）

卵 … 3個

バター … 10g

A
　砂糖 … 小さじ1
　塩 … 小さじ1/3

B
　たらこ（薄皮を除いたもの）
　　… 25g
　ピザ用チーズ … 15g
　マヨネーズ … 大さじ1

イタリアンパセリ … 適量

Point

卵の表面は生っぽくても底が
固まってきたらかぶせてOK。

作り方

① フライパン用アルミ箔を敷き、バターを
のせて弱火で温める。その間に計量カッ
プに卵を割り入れ、**A**を加えてよく混ぜ、
バターが溶けたところに流し入れる。

② 空いた計量カップに**B**を入れてよく混ぜ
合わせる。

③ **1**を中火にし、さい箸でスクランブルエ
ッグのように混ぜる。底面がしっかり固
まってきたら、**2**を真ん中に、横一直線
にのせて少し焼く。

④ アルミ箔の片側の端を持ち上げ、中心に
向かって卵をかぶせる。反対側も同様に
して巻き、器に盛って好みでイタリアン
パセリを添える。

 >

にんじん（細めの短冊切り）

½本

水

100㎖

野菜もチーズもたっぷり。
フワフワに焼き上がります

チーズチヂミ

鶏ガラスープの素

小さじ2

1個

卵

大½袋（100g）

えのきたけ
（石づきを処理し、
長さを3等分したもの）

各大さじ3

小麦粉／片栗粉

½束

にら（2cm幅に切ったもの）

材料（2人分）

A
えのきたけ（石づきを処理し、
長さを3等分したもの）
… 大½袋（約100g）
にんじん（細めの短冊切り）
… ½本
にら（2cm幅に切ったもの）
… ½束
小麦粉、片栗粉 … 各大さじ3
卵 … 1個
水 … 100㎖
鶏ガラスープの素 … 小さじ2

ごま油 … 大さじ1
ピザ用チーズ … 50g
しょうゆ、酢 … 各適量

作り方

1 フライパンに**A**を入れてよく混ぜ、
全体に広げる。その上にごま油を回し
入れ、弱火で5分焼く。

2 **1**に、くっつかない加工が施してある
面を下にしたフライパン用アルミ箔、
フライパンよりひとまわり大きな皿を
裏返したものを順にかぶせ、フライパ
ンごとひっくり返してチヂミを取り出
す。次にアルミ箔ごとフライパンに戻
し入れ、5分ほど焼く。

3 **2**にピザ用チーズをまんべんなくのせ、
ふたをして2分蒸し焼きにする。食べ
やすく切って器に盛り、好みでしょう
ゆと酢を1：1で混ぜたたれを添える。

Point

フライパン専用のアルミ箔を敷くと焦げ
つきにくく、ひっくり返すのも簡単です！

焼きたては
香りも抜群！

高温で揚げて
カラッと

中華風の味つけで、
きっと箸が止まらなくなる人続出！

やみつき
オクラから揚げ

材料（2人分）

オクラ

（へたを処理し、2cm幅の輪切り）

… 8本

片栗粉 … 大さじ1

鶏ガラスープの素 … 小さじ2

油、塩 … 各適量

Point

揚げものの油は、どのレシ
ピも食材がある程度つかる
量を目安に。

作り方

① オクラをポリ袋に入れ、鶏ガラ
スープの素を加えてよくもみ込み、
片栗粉も加えてよくまぶす。

② フライパンに油を深さ1cmほど入
れて180℃に熱し、**1**を1分揚げる。
器に盛り、好みで塩をふる。

仕上げのこしょうは多めに
手羽先のカリカリから揚げ

時間 20 minutes

材料（2人分）

鶏手羽先（関節から先を切り落としたもの）
　… 10本
片栗粉 … 大さじ2

A
　しょうゆ … 大さじ3
　砂糖、みりん、酒 … 各大さじ2
　にんにくチューブ … 小さじ1

油、こしょう、
レモン（くし形切り）… 各適量

作り方

1. 手羽先をポリ袋に入れ、片栗粉を加えてよくもみ込む。
2. フライパンに油を手羽先がつかる程度入れて180℃に熱し、**1**を5分ほど揚げる。途中で上下を返す。
3. **A**を混ぜ合わせておき、油をきった手羽先から順に漬け、たれをからめる。器に盛り、こしょうをふってレモンを添える。

アツアツを
食べてみて！

仕上げに青のり、
七味も合う！

時間 8 minutes

噛むほどに出る甘みが◎
えのきのから揚げ

材料（2人分）

えのきたけ（石づきを処理し、
　小房に分けたもの）
　… 大1袋（約200g）
片栗粉 … 大さじ1
油 … 適量
塩 … 少々

作り方

1. ポリ袋にえのきたけを入れ、片栗粉を加えてよくまぶす。
2. フライパンに油を深さ1cmほど入れて180℃に熱し、**1**を入れて2分揚げる。器に盛り、好みで塩をふる。

揚げたては
ひときわ甘い

油はねのストレスから解放されるコツを伝授

とうもろこしの
から揚げ

材料（2人分）

とうもろこし … 1本
片栗粉 … 大さじ2
青のり … 小さじ2
塩 … 少々
油 … 適量

Point

とうもろこしは、そのまま
揚げると油がはねやすいの
で、忘れずに切り込みを。
縦に包丁を入れるとラク。

作り方

1. 油はね防止のため、と
うもろこしの粒すべて
に切り込みを入れたの
ち、長さを3等分に切
り、さらにそれぞれを縦4等分に切る。

2. ポリ袋に**1**、片栗粉、青のりを入れ、よくふ
ってまぶす。

3. フライパンに油を深さ1cmほど入れて180℃
に熱し、**2**の粒の部分を下にしながら入れ、
3分揚げる。器に盛り、好みで塩をふる。

時間
6
minutes

少ない油で
揚げられる！

箸もビールも進む中華風。
プリッとした食感を楽しんで

たこの
から揚げ

材料（2人分）

ゆでだこ（2cm幅のぶつ切り）
　… 200g
片栗粉 … 大さじ3
鶏ガラスープの素 … 小さじ1
油 … 適量

作り方

1. ポリ袋にゆでだこと鶏ガラ
　スープの素を入れてよく混
　ぜ、片栗粉を加えてまぶす。
2. フライパンに油を深さ1cm
　ほど入れて180℃に熱し、
　1を4分揚げたら完成。

青のりの香りとにんにくの
風味をほんのり加えます

ちくわの
磯辺揚げ風

時間
8
minutes

材料（2人分）

ちくわ … 4本

A
小麦粉 … 大さじ2
片栗粉 … 小さじ2
青のり、マヨネーズ
　… 各小さじ1
にんにくチューブ … 小さじ½
塩 … 小さじ⅓

油 … 適量

作り方

1. ちくわは、キッチンばさみで縦
　に2等分し、さらに長さを半分
　に切る。
2. ポリ袋に**A**を入れてよく混ぜ、
　1を加えてまぶす。
3. フライパンに油を深さ1cmほ
　ど入れて180℃に熱し、2を2
　分揚げたら完成。

ほんの2分
揚げるだけ！

冷めても
おいしいよ！

豆腐入りでやわらか。
揚げたてを甘酢だれでどうぞ

つくねのから揚げ

材料（2人分）

A
鶏ひき肉 … 200g
木綿豆腐 … 70g
玉ねぎ（みじん切り）… ¼個
片栗粉 … 大さじ 3
しょうがチューブ、
にんにくチューブ、みそ
　… 各小さじ 1
塩こしょう … 小さじ ½

B
しょうゆ、水 … 各大さじ 2
酢 … 大さじ 1
砂糖 … 小さじ 4

油 … 適量
ピーマン（縦 2 等分に切ったもの）
　… 2 個

作り方

1 ポリ袋に **A** を入れてよくもんで混ぜ
る。袋の角を切り落とし、⅙量ずつ
しぼり出して丸める。

2 フライパンに油を深さ 2 ㎝ほど入
れて180℃に熱し、**1** を入れて返し
ながら 5 分揚げる。揚げている間に
B のたれを混ぜておく。

3 つくねに火が通ったら、**2** のたれ
をからめる。器に盛り、ピーマンを
添える。

Point

肉だねはポリ袋に材料を入れて混
ぜれば、手が汚れません。

にんにく&しょうがの風味をつけ、厚めの衣でフワッと

とり天

材料（2人分）

A
鶏むね肉
（ひと口大に切ったもの）
… 300g
卵 … 1個
小麦粉 … 大さじ6
水 … 大さじ1
しょうゆ … 小さじ2
にんにくチューブ、
しょうがチューブ、砂糖
… 各小さじ1

油、塩、こしょう … 各適量

作り方

1 ポリ袋に **A** を入れてもみ込む。

2 フライパンに油を深さ1cmほど入れて180℃に熱し、**1** の両面を3分ずつ揚げ焼きにする。器に盛り、塩、こしょうをふる。

Point

鶏肉も衣の材料も全部ポリ袋に入れてもめばOK。

やわらかな揚げ上がり

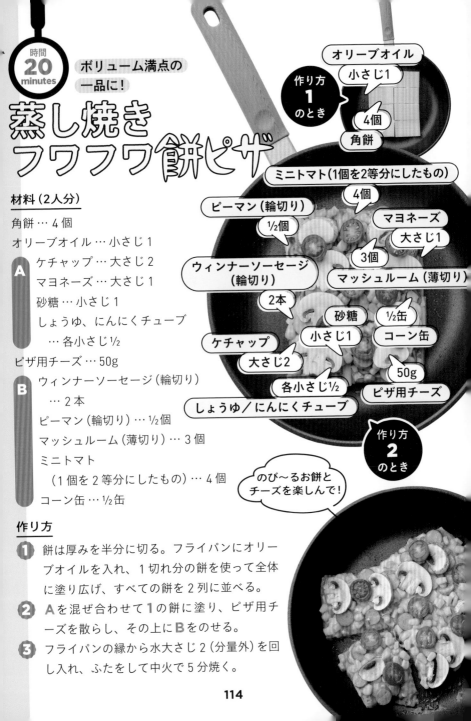

時間 20 minutes

ボリューム満点の一品に！

蒸し焼き
フワフワ餅ピザ

材料（2人分）

角餅 … 4個

オリーブオイル … 小さじ1

A
ケチャップ … 大さじ2
マヨネーズ … 大さじ1
砂糖 … 小さじ1
しょうゆ、にんにく チューブ
　… 各小さじ½

ピザ用チーズ … 50g

B
ウィンナーソーセージ（輪切り）
　… 2本
ピーマン（輪切り）… ½個
マッシュルーム（薄切り）… 3個
ミニトマト
　（1個を2等分にしたもの）… 4個
コーン缶 … ½缶

のび〜るお餅と
チーズを楽しんで！

作り方

① 餅は厚みを半分に切る。フライパンにオリーブオイルを入れ、1切れ分の餅を使って全体に塗り広げ、すべての餅を2列に並べる。

② Aを混ぜ合わせて①の餅に塗り、ピザ用チーズを散らし、その上にBをのせる。

③ フライパンの縁から水大さじ2（分量外）を回し入れ、ふたをして中火で5分焼く。

作り方 1 のとき
オリーブオイル 小さじ1
4個 角餅

作り方 2 のとき
ミニトマト（1個を2等分にしたもの） 4個
ピーマン（輪切り） ½個
マヨネーズ 大さじ1
ウィンナーソーセージ（輪切り） 2本
マッシュルーム（薄切り） 3個
砂糖 小さじ1
ケチャップ 大さじ2
各小さじ½ しょうゆ／にんにく チューブ
コーン缶 ½缶
ピザ用チーズ 50g

Chapter

8

ごはんもの&麺

それは疲れていても一発で満たされる
王者のグルメ！

シーフードミックスの
うまみがギュッと詰まってます

なんちゃって
パエリア

鶏ガラスープの素／オリーブオイル
各大さじ1

100g
冷凍ミックスベジタブル

小さじ1
にんにくチューブ

200g
冷凍シーフードミックス

米
1合

作り方
1
のとき

400ml
水

材料（2人分）

米 … 1合
水 … 400㎖
鶏ガラスープの素、
オリーブオイル … 各大さじ1
にんにくチューブ … 小さじ1
冷凍シーフードミックス … 200g
冷凍ミックスベジタブル … 100g

作り方

1. フライパンに米、分量の水を入れ中火にかける。残りの材料も加え、ふたをして14分蒸す。焦げつかないように途中で数回混ぜる。

2. ふたを取り、さらに5分加熱して水分をとばす。

仕上がりと
味わいが本格派！

Point

シーフードミックスとミックスベジタブルは、どちらも凍ったまま加えてOK。加熱しながら解凍してください。

塩けがきいて食が進む！
隠し味にマヨネーズを使います

たらこ高菜チャーハン

材料（2人分）

温かいごはん
　… 1合（茶碗2杯分）

卵 … 1個

ごま油 … 大さじ1

A
　高菜漬け（刻んだもの）
　　… 70g
　たらこ（薄皮を除いたもの）
　　… 70g
　マヨネーズ … 大さじ1
　しょうゆ、みりん … 各小さじ1
　塩こしょう … 小さじ½

作り方1までのもの

高菜漬け（刻んだもの）
70g

マヨネーズ
大さじ1

塩こしょう
小さじ½

各小さじ1
しょうゆ／みりん

70g
たらこ（薄皮を除いたもの）

作り方
2
のとき

作り方

① フライパンにごはん、卵、ごま油を入れてよく混ぜたあと、中火にかけて1分炒める。

② 1にAをすべて加え、3分炒めて完成。

食材の
ハーモニーが抜群！

Point

先にごはんと卵を混ぜ合わせるひと手間を加えてから火にかけると、パラッと炒め上がりますよ。

食欲をそそる
香ばしさ！

肉は豚バラがおすすめ

豚キムチチャーハン

時間
10
minutes

材料（2人分）

温かいごはん … 1合（茶碗2杯分）
豚バラスライス
　（ひと口大に切ったもの）… 100g
キムチ（粗く刻んだもの）… 150g

A
ごま油…小さじ2
鶏ガラスープの素、しょうゆ
　… 各小さじ1
塩こしょう… 小さじ½

小ねぎ（小口切り）… 適量

作り方

① フライパンに豚肉を入れ、中火にかけて3分炒める。

② 1にキムチ、ごはん、**A**を加えて4分炒める。器に盛り、小ねぎを散らす。

腹ペコのときにピッタリ！

豚キムチ焼きそば

時間
10
minutes

材料（2人分）

焼きそば麺 … 2玉
豚バラスライス（ひと口大に切ったもの）
　… 100g
キムチ（粗く刻んだもの）… 150g
ごま油… 大さじ1
塩こしょう … 小さじ½
小ねぎ（斜め小口切り）… 適量

作り方

① フライパンに豚肉を入れ、キムチ、ごま油、塩こしょうを加えて中火で3分炒める。

② 豚肉に火が通ったら、焼きそば麺を加え、ほぐしながら3分炒める。器に盛り、小ねぎをのせる。

ピリッと
ズズッと
止まらない

生米から炊く本格派。
仕上げのチーズはたっぷりめに

トマトチーズ リゾット

カットトマト（缶またはパック）
200g（半量）

鶏ガラスープの素
大さじ1

オリーブオイル
大さじ1

小さじ½
塩こしょう

1合
米

小さじ1
にんにくチューブ

作り方
1
のとき

400ml
水

ぐつぐつ、
イタリアの風を
感じて！

材料（2人分）

米 … 1合
カットトマト（缶またはパック）
　… 400g相当

A
鶏ガラスープの素、
オリーブオイル
　… 各大さじ1
にんにくチューブ
　… 小さじ1
塩こしょう… 小さじ1/2
水 … 400mℓ

ピザ用チーズ … 50g
パセリ（みじん切り）… 適量

作り方

1. フライパンに米、カットトマト200g、Aを入れ、ふたをして中火で7分煮る。焦げつかないようにときどき混ぜる。

2. 残りのカットトマトを加え、ふたをして弱火で6分煮る。

3. 2にチーズを加えて混ぜながら1分煮る。器に盛り、パセリをのせる。

Point

カットトマトなら包丁&まな板がいらず、フライパンに入れるだけの簡単さ！

時間 **20** minutes

たっぷりの野菜で増量。
甘みがあってモリモリ食べたくなる！

キーマカレー

材料（2人分）

温かいごはん
　… 1合（茶碗2杯分）
合いびき肉（粗びき）… 150g

A
　ピーマン（みじん切り）
　　… 1個
　えのきたけ（石づきを
　　処理し、みじん切り）
　　… 大1袋（約200g）
　オクラ（みじん切り）… 4本
　玉ねぎ（みじん切り）… ½個
　にんじん（みじん切り）… ½本

B
　カレー粉、オイスターソース
　　… 各大さじ2
　ケチャップ … 大さじ1
　塩、顆粒コンソメ … 各小さじ½

パセリ（みじん切り）、うずら卵水煮
　… 各適量

みじん切りは
便利グッズを
使えば一発！

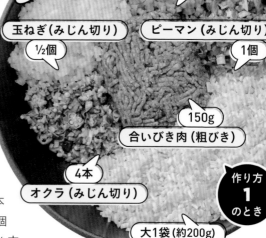

にんじん（みじん切り）
½本

玉ねぎ（みじん切り）
½個

ピーマン（みじん切り）
1個

150g
合いびき肉（粗びき）

4本
オクラ（みじん切り）

作り方
1
のとき

大1袋（約200g）
えのきたけ（石づきを処理し、みじん切り）

作り方

1 フライパンに合いびき肉と**A**を
入れ、中火で10分ほど炒める。

2 **1**に**B**を加えて5分炒める。

3 器にごはんと**2**を盛り合わせ、
ごはんにパセリをふり、半分に
切ったうずらの卵を添える。

Point

合いびき肉と野菜を炒める
ときは、余分な水分をとば
すような気持ちで炒めてみ
てください。

ボリューム
満点の一品！

うどんは先に入れて

時間
7
minutes

うどん
カルボナーラ

材料（2人分）

うどん … 2玉
ベーコン（棒状カットのもの）… 70g
牛乳 … 50mℓ
卵 … 2個

A
　オリーブオイル、水 … 各大さじ1
　顆粒コンソメ … 小さじ2
　にんにくチューブ … 小さじ1

バター … 10g
粗びき黒こしょう … 少々

作り方

1 フライパンにうどんを入れてほぐす。ほぐれない場合は水30mℓ（分量外）をかける。ベーコンとAも加えて中火にかけ、3分炒めて火を止める。

2 計量カップで牛乳をはかり、そこに卵を割り入れてよく混ぜる。

3 1にバターと2を加えて弱火にし、うどんにからめながら炒める。器に盛り、黒こしょうをふる。

黒こしょうで
ピリッとしまる！

酒のアテにも万能

たらこ
焼きうどん

時間
13
minutes

材料（2人分）

うどん … 2玉
にんじん（細切り）… 1/3本
玉ねぎ（薄切り）… 1/2個
ピーマン（縦に細切り）… 1個
豚バラスライス
　（ひと口大に切ったもの）… 80g
油 … 大さじ1

A
　たらこ（薄皮を除いたもの）… 50g
　しょうゆ、みりん、酒
　　… 各大さじ1
　塩こしょう … 小さじ1/2

水 … 50mℓ
刻みのり … 適量

作り方

1 フライパンに油をひき、にんじん、玉ねぎ、ピーマン、豚肉を加え、中火にかけて5分炒める。

2 1にうどんとAを加え、うどんに分量の水をかけてほぐしながら3分炒める。器に盛り、刻みのりをのせる。

照りが出てきたら焼き上がり！
食べごたえ抜群な一品

肉巻き
おにぎり

肉のうまみが
ごはんに
しみてる！

材料（2人分）

温かいごはん
　… 1合（茶碗2杯分）
豚バラスライス
　… 300g（12枚程度）
水 … 50mℓ

A
　しょうゆ、みりん
　　… 各大さじ2
　酒 … 大さじ1
　砂糖 … 小さじ1

作り方1までのもの

豚バラスライス
300g（12枚程度）

作り方
2
のとき

作り方

1 ごはんは4等分にし、手を水
（分量外）でぬらして俵形ににぎる。

2 **1**に豚肉を3枚ずつ巻きつけ、
フライパンに並べる。分量の
水を加え、ふたをして中火に
かけ、途中で上下を返しなが
ら5分蒸し焼きにする。**A**は
混ぜ合わせておく。

3 ふたを取って**A**を加え、汁け
をとばしながらさらに3分焼
いて完成。

Point

作り方**2**でごはんに豚肉を巻
きつけるときは、まず短辺に
肉を2枚、それから長辺に1
枚巻くとくずれにくい！

こた流 超簡単デザート

香ばしいソースがよく合う

瞬間キャラメル
バナナ焼き

時間
8
minutes

バナナ
2本

作り方2までのもの

材料（2人分）

バナナ … 2本
砂糖 … 大さじ4
水、牛乳 … 各大さじ1

作り方

1. フライパンに砂糖と分量の水を入れ、弱火で6分温める。
2. **1**がきつね色になったら牛乳を加えて混ぜ、火を止める。
3. バナナを手でちぎって**2**に加え、キャラメルをからめて完成。

作り方
3
のとき

手軽で
簡単すぎる
フルーツレシピ！

Point

バニラアイスを添えると、キャラメルのビターさに甘さが加わり、新たな味わいになります。

おわりに

最後まで読み進めてくださって、ありがとうございました。
買ってくださった方には、もう感謝しかありません。
一人ひとりに直接お礼を伝えに行きたい気持ちです。

出版までの打ち合わせやレシピ作り、撮影と、初めてのことだらけで大変でしたが、すごく楽しく進めることができました。
「自分の力でこの本を完成させてやった!!」とか言って、威張りたいところですが、僕一人の力じゃ到底ここまでのものを完成させることはできませんでした。
応援してくれた家族や友人、猫のイラストを描いてくれた西川史方里さん（Instagram @shiori_illust）、この本を一緒に作ったチームであるカメラマンの松園多聞さん、ライターの三浦良江さん、スタイリストの井口美穂さん、調理アシスタントの三好弥生さん、デザイナーの細山田光宣さんと奥山志乃さんに感謝です。

僕は今後も、誰でも簡単に作れる料理やレシピ、アイデアを発信していきたいと思っています。
この本には、いろんな料理に役に立つことがちりばめられています。
皆さんにフル活用してもらえれば、それが一番うれしいです！

こたクッキング

狭い作業スペース&洗い物から大解放！

1口コンロでつくる
絶品ワンパンレシピ

2023年11月16日　　初版発行

著者	こたクッキング
発行者	山下 直久
発行	株式会社KADOKAWA
	〒102-8177　東京都千代田区富士見2-13-3
	電話0570-002-301（ナビダイヤル）
印刷所	図書印刷株式会社
製本所	図書印刷株式会社